Línea amarilla 5
Grammatisches Beiheft

von
Javier Navarro Gonzále

Ernst Klett Verlag
Stuttgart · Leipzig

Inhalt

Unidad 4

Unidad 5

Unidad 6

Unidad 7

Anhang

Unidad 1

§1 *el 33 por ciento* — Porcentajes y números decimales / Prozentangaben und Dezimalzahlen

Un 20 % (veinte por ciento) de los jóvenes españoles <u>va</u> al teatro.
El 70 % de los jóvenes <u>usa</u> el ordenador.

Los jóvenes tienen **29,2 (veintinueve coma dos)** horas a la semana de tiempo libre.

Bei Prozentangaben verwendet man den Begleiter *un* oder *el*, das Verb steht im Singular.
Dezimalzahlen werden wie im Deutschen mit Komma geschrieben und mit *coma* gesprochen.

§2 *el 66 % son dos tercios* — Fracciones / Bruchzahlen

Einige der folgenden Bruchzahlen kennst du bereits. Hier siehst du die wichtigsten im Zusammenhang.

Tres cuartos de los jóvenes españoles hacen deporte.
La mitad de los jóvenes lee libros.
A dos tercios de los jóvenes españoles les gusta estar con el novio o la novia.

1/2	la mitad (de)	1/7	un séptimo (de)
1/3	un tercio (de)	1/8	un octavo (de)
1/4	un cuarto (de)	1/9	un noveno (de)
1/5	un quinto (de)	1/10	un décimo (de)
1/6	un sexto (de)		

1/6 **un** sexto
5/8 **cinco** octavos
6/10 **seis** décimos

Wie im Deutschen werden im Spanischen die Brüche durch Zähler und Nenner gebildet.

Un cuarto de los alumnos lee,
tres cuartos prefieren ir al cine.

Ist der Zähler größer als 1, dann stehen Nenner und Verb im Plural. Ist der Zähler eins, dann stehen sie im Singular.

un tercio **de** los alumnos
ein Drittel der Schüler
dos quintos **de** los estudiantes
zwei Fünftel der Schüler

Zwischen Bruchzahl und Substantiv wird die Präposition *de* verwendet.

Wie werden folgende Zahlen gelesen?

a) **2/3** de los países del mundo son pobres.
b) **1/10** de la clase no participa en el intercambio.
c) **¾** de los habitantes viven en la costa.
d) A **1/5** de los jóvenes les gusta el rap.

d) un quinto
c) tres cuartos
b) un décimo
a) dos tercios

§3 *de modo que, aunque*

Uso del indicativo y del subjuntivo en subordinadas adverbiales
Gebrauch des Indikativs und des *subjuntivo* in adverbialen Nebensätzen

Du kennst bereits viele Konjunktionen, die Nebensätze mit dem Verb im *subjuntivo* einleiten. Jetzt lernst du weitere Konjunktionen und wiederholst die bereits bekannten (→ §§ 2, 21 GBH LA4).

Restauramos cabañas para que **pueda** descansar la gente que hace senderismo.
Trabajamos seis horas al día, de modo que no **disponemos** de mucho tiempo libre.
Aunque **haya** una fiesta de cumpleaños, a las diez tengo que estar en casa.

+ Indikativ	+ subjuntivo
Siempre que **está**, monopoliza la tele. *Immer, wenn er zu Hause ist, glaubt er, den Fernseher für sich allein zu haben.*	Venderá la tele, siempre que su mamá se lo **pida**. *Er wird den Fernseher verkaufen, vorausgesetzt, seine Mutter verlangt es von ihm.*
Ya han llegado mis padres, de modo/forma que **puedo** irme a la cama. *Meine Eltern sind schon da, so dass ich ins Bett gehen kann.*	Espero que lleguen pronto, de modo/forma que **pueda** irme a la cama. *Ich hoffe, dass sie bald kommen, so dass/damit ich ins Bett gehen kann.*
Aunque / A pesar de que **tengo** un examen, no voy a estudiar. *Obwohl ich eine Prüfung habe, werde ich nicht lernen.*	Aunque / A pesar de que **tenga** un examen, no voy a estudiar. *Auch wenn ich eine Prüfung habe, werde ich nicht lernen.*

Manche Konjunktionen haben eine andere Bedeutung, je nachdem ob das Verb im Indikativ oder *subjuntivo* steht. Nach den Konjunktion *siempre que, de modo / forma que, aunque* und *a pesar de que* wird *subjuntivo* verwendet, wenn das Verb sich auf etwas Zukünftiges, Unsicheres oder noch nicht Bekanntes bezieht. Der Indikativ steht bei faktischen Aussagen.

[!] Steht der Nebensatz zuerst, setzt man ein Komma vor dem Hauptsatz.

Quizá(s) vuelva / vuelvo el año que viene.
Vielleicht komme ich nächstes Jahr wieder.

Nach den Adverbien *tal vez* und *quizá* kann man *subjuntivo* oder Indikativ verwenden, je nachdem für wie sicher der Sprecher die Aussage hält.

[!] In den Verbtabellen auf den Seiten 31-43 findest du die Formen des *presente de subjuntivo* der regelmäßigen und unregelmäßigen Verben.

Zusammenfassung:

Konjunktion	+ Indikativ	+ subjuntivo
Temporalsätze		
antes de que	–	Te llamo **antes de que** lleguen mis padres. *Ich rufe dich an, **bevor** meine Eltern ankommen.*
cuando	**Cuando** participé, me gustó. ***Als** ich teilnahm, hatte ich Spaß.*	Te gustará **cuando** participes. *Es wird dir Spaß machen, **wenn** du teilnimmst.*
hasta que	Salimos **hasta que** llegaron mis padres. *Wir gingen aus, **bis** meine Eltern ankamen. (=Vergangenheit/Gegenwart)*	Saldremos **hasta que** lleguen mis padres. *Wir werden ausgehen, **bis** meine Eltern ankommen. (=Zukunft)*
siempre que	**Siempre que** mi hermano está en casa, no veo la tele. ***Immer wenn** mein Bruder zuhause ist, sehe ich nicht fern.*	Veremos la tele, **siempre que** no esté en casa. *Wir werden fernsehen, **vorausgesetzt** er ist nicht zuhause.*
Finalsätze		
para que	–	Busco a José **para que** me dé mi cedé. *Ich suche José, **damit** er mir meine CD gibt.*
Konsekutivsätze		
de modo que **de manera que**	Estoy motivado, **de modo que** trabajo mucho. *Ich bin motiviert, **so dass** ich viel arbeite.*	Te motivaré, **de modo que** trabajes mucho. *Ich werde dich motivieren, **so dass/damit** du viel arbeitest.*
Kausalsätze		
porque **como** **ya que**	**Como** llueve, hoy no vamos a trabajar. ***Da** es regnet, arbeiten wir heute nicht.*	–
Konzessivsätze		
aunque **a pesar de que**	Volveré, **aunque** el proyecto ha acabado. *Ich werde zurückkommen, **obwohl** das Projekt fertig ist.*	Volveré **aunque** el proyecto acabe. *Ich werde zurückkommen, **selbst wenn** das Projekt zu Ende geht.*

Übersetze die unterstrichenen Konjunktionen ins Deutsche.
1. Aunque no tenga dinero, voy a ir a Asturias.
2. Cuando llegue, dormiré en la tienda de campaña.
3. A pesar de que estés cansado, tienes que trabajar.
4. Siempre que él llega, hacemos una pausa.
5. Te ayudo, siempre que tú quieras.

5. vorausgesetzt, dass
4. immer wenn
3. auch wenn / selbst wenn
2. sobald
1. auch wenn / selbst wenn

§4 *mínimo y máximo*

Comparativos y superlativos irregulares de adjetivos
Unregelmäßige Steigerungsformen der Adjektive

Die regelmäßigen Steigerungsformen der Adjektive kennst du bereits (→ §§ 23, 27, 28 GBH LA2). Die unregelmäßigen Formen haben oft abstrakte und übertragene Bedeutungen.

Trabajamos al **máximo** para restaurar el **mayor** número posible de cabañas.
Es un número **inferior**.

Unregelmäßige Steigerungsformen

grande	Es **el mayor** problema. Tengo dos hermanas **mayores**.	*Das ist das größte Problem.* *Ich habe zwei ältere Schwestern.*
pequeño	Es de **menor** importancia. Es mi hermano **menor**.	*Es ist von geringerer Bedeutung.* *Er ist mein jüngerer / jüngster Bruder.*
alto	Es de calidad **superior**.	*Das ist von bester / hervorragender Qualität.*
bajo	Su nivel de inglés es **inferior** al de Tomás.	*Er hat ein niedrigeres Niveau in Englisch als Tomás.*

Manche Adjektive haben neben der regelmäßigen auch noch eine unregelmäßige Steigerungsform. Die unregelmäßige Steigerungsform zusammen mit dem bestimmten Artikel ergibt den Superlativ: z. B. *el mejor*.
Die unregelmäßigen Formen werden vor allem für **abstrakte** und **übertragene** Bedeutungen oder für die Beschreibung der Qualität verwendet. Sie stehen oft vor dem Substantiv: mayores problemas *schwerwiegendere Probleme*

[!] Wie du bereits weißt, haben *bueno* und *malo* unregelmäßige Steigerungsformen: *mejor* und *peor*. Wenn sie allerdings *brav* beziehungsweise *böse* bedeuten, werden sie regelmäßig gesteigert.
Ana es una chica buena / mala. Estela es todavía más buena/mala.
Ana ist ein braves/böses Mädchen. Estela ist noch braver/böser.

[!] Die Adjektive *grande* und *pequeño* haben auch unregelmäßige Formen des absoluten Superlativs. Oft wird *máximo* und *mínimo* mit *maximal* und *minimal* wiedergegeben:
Es la altitud máxima. *Das ist die maximale Höhe.*
Es un problema mínimo. *Das ist ein winziges Problem.*

Diese Formen findet man oft in festen adverbialen Ausdrücken und Redewendungen, z. B.:
trabajar al máximo *so viel arbeiten wie möglich*
como máximo *höchstens*
no ayudar lo más mínimo *überhaupt nicht helfen*

D **Maximal** fünfzehn Euro.
F **Au maximum** quince euros.
E **Up to a maximum** of fifteen euros.
Da diese unregelmäßigen Steigerungsformen aus dem Lateinischen stammen, findet man sie auch in anderen Sprachen.

LAT

Übersetze ins Heft.

1. Seine Antwort ist besser als deine.
2. Das ist ein Problem von geringer Wichtigkeit.
3. Er wohnt im oberen Stockwerk.
4. Die Höchstgeschwindigkeit *(velocidad)* beträgt 120 km/h.
5. Er hilft überhaupt nicht.

1. Su respuesta es mejor que la tuya.
2. Es un problema de menor importancia.
3. Vive en el piso superior.
4. La velocidad máxima es 120 km/h.
5. No ayuda lo más mínimo.

§5 *haya sido*

Formación y uso del pretérito perfecto de subjuntivo
Bildung und Gebrauch des *pretérito perfecto de subjuntivo*

Du kennst bereits das *presente de subjuntivo* (→ §§ 12–15 GBH LA3).
Nun lernst du eine weitere Zeit des *subjuntivo*.

No creo que **hayas tenido** nunca tanto estrés.
Espero que no **haya puesto** la música a todo volumen.

1. Bildung

Quiere que	**haya terminado**	los deberes.
	hayas bebido	ya tu zumo.
	haya conocido	a su hermano.
	hayamos pasado	antes por el instituto.
	hayáis visto	primero su casa.
	hayan salido	hacia Madrid.

Hilfsverb *haber* im *presente de subjuntivo* + Partizip Perfekt

Das *pretérito perfecto de subjuntivo* wird mit dem *presente de subjuntivo* des Hilfsverbs *haber* und dem Partizip Perfekt gebildet.

2. Gebrauch

No creo que	mis primos **hayan estado** antes en Asturias.
Pablo vendrá cuando	**haya terminado** de limpiar la casa.
einleitendes Verb: im Präsens oder Futur	Nebensatz: bezieht sich auf etwas **Vergangenes** oder auf etwas **Vorzeitiges in der Zukunft**

Man verwendet das *perfecto de subjuntivo*, wenn der Hauptsatz im Präsens (oder Perfekt) steht und der Nebensatz sich auf etwas **Vergangenes** bezieht. Außerdem verwendet man es, wenn der Hauptsatz in der Zukunft steht und im Nebensatz eine **Handlung, die zu einem zukünftigen Zeitpunkt schon abgeschlossen sein wird**, ausgedrückt wird.

Perfecto de subjuntivo wird in denselben Kontexten verwendet wie *presente de subjuntivo*, das heißt, bei Verben und Ausdrücken des Empfindens, Wünschens, Zweifelns und Urteilens, in Relativsätzen (du findest eine Zusammenfassung des Gebrauchs in → § 2 GBH LA4 sowie § 3) und nach bestimmten Konjunktionen.

Übersetze folgende Sätze ins Heft.

1. Ich freue mich, dass du angekommen bist.
2. Wir glauben nicht, dass sie den Brief schon erhalten haben.
3. Er wird mir helfen, wenn er seine Hausaufgaben zu Ende gemacht hat.
4. Ich hoffe, dass du viel Spaß gehabt hast.
5. Ich kenne niemanden, der schon einmal in Argentinien gewesen ist.

1. Me alegro de que hayas llegado.
2. No creemos que hayan recibido ya la carta.
3. Me ayudará cuando haya terminado sus deberes.
4. Espero que te hayas divertido mucho.
5. No conozco a nadie que haya estado en Argentina.

Unidad 2

§6 *viniera, vinieras viniéramos* — La formación del pretérito imperfecto de subjuntivo / Die Bildung des *pretérito imperfecto de subjuntivo*

No creía que ***pensaran*** de mí que era un empollón.
Se sentaba en un rincón del patio para que no le ***dirigiéramos*** la palabra.
En este instituto era normal que todos te ***valoraran*** sólo por tus notas.

Verben	**auf *-ar***	**auf *-er***	**auf *-ir***	
pret. indefinido	cenar → cenaron	comer → comieron	vivir → vivieron	
	cen**ara**	comi**era**	vivi**era**	
	cen**aras**	comi**eras**	vivi**eras**	
Quería que	cen**ara**	comi**era**	vivi**era**	aquí.
	cen**áramos**	comi**éramos**	vivi**éramos**	
	cen**arais**	comi**erais**	vivi**erais**	
	cen**aran**	comi**eran**	vivi**eran**	

Der Stamm des *imperfecto de subjuntivo* wird von der 3. Person Plural des *pretérito indefinido* abgeleitet. Die Endungen sind bei den Verben auf *-ar*, *-er* und *-ir* dieselben. Dies gilt auch für die unregelmäßigen Verben.
Einen Überblick über die Formen findest du in den Verbtabellen im Anhang.

pretérito indefinido			**imperfecto de subjuntivo**		
	pusieron		yo	pusie**ra**	pusie**se**
	quisieron		tú	quisie**ras**	quisie**ses**
ellos, ellas	**se despidie**ron	→	él / ella / usted	se despidie**ra**	se despidie**se**
	pudieron		nosotros, -as	pudié**ramos**	pudié**semos**
	vinieron		vosotros, -as	vinie**rais**	vinie**seis**
	estuvieron		ellos / ellas / ustedes	estuvie**ran**	estuvie**sen**

[!] Zusätzlich zu den Endungen auf *–ra* gibt es Endungen auf *–se*, die seltener verwendet werden. Daher reicht es, wenn du die Formen erkennst. Du brauchst sie nicht aktiv zu beherrschen.

Bilde die richtige Verbform im *imperfecto de subjuntivo*.

vosotros, mirar – usted, discutir – nosotros, comer – vosotros, ducharse – yo, poner – ella, decir – ustedes, oír – él, ir – tú, reírse

mirarais – discutiera – comiéramos – os ducharais – pusiera – dijera – oyeran – fuera – te rieras

§7 *no creía que la amara, quiso que viniera*

El uso del pretérito imperfecto de subjuntivo
Der Gebrauch des *pretérito imperfecto de subjuntivo*

Den Gebrauch des *subjuntivo* nach bestimmten Verben oder Konjunktionen kennst du seit langem (du findest eine Zusammenfassung in → §2 GBH LA4). Hier lernst du, wann *imperfecto de subjuntivo* anstatt *presente de subjuntivo* verwendet wird (→ §23 GBH LA4).

Era normal que te **valoraran** por tus notas.
Me gustaría que me **dejaras** tranquilo.
No creíamos que **estudiara** tan poco como nos decía.
Pensé en hacer errores, aunque **suspendiera** una u otra asignatura.

1. Gebrauch des *imperfecto de subjuntivo*

presente de subjuntivo	**imperfecto de subjuntivo**
Quiero que me **ayudes**. *Ich will, dass du mir hilfst.*	Me gustaría que me **ayudaras**. *Ich hätte gerne, dass du mir hilfst.*
Lo **llamaré** antes de que **se vaya**. *Ich werde ihn anrufen, bevor er weggeht.*	Lo **llamé** antes de que **se fuera**. *Ich rief ihn an, bevor er wegging.*
Quizá **llegue** todavía. *Vielleicht kommt er noch.*	Quizá **llegara** antes de la una. *Vielleicht kam er vor eins.*
Hauptsatz / Aussage in der Gegenwart oder Zukunft → ***presente de subjuntivo***	Hauptsatz / Aussage im *condicional* oder in der Vergangenheit → ***imperfecto de subjuntivo***

Es wird auch *pretérito imperfecto de subjuntivo* verwendet, wenn das Hauptverb in der Gegenwart, die Aussage des Nebensatzes aber in der Vergangenheit steht.
No creo que ayer sacara un 10 en el examen.
Ich glaube nicht, dass ich gestern in der Prüfung eine 1 hatte.

2. *Imperfecto de subjuntivo* nach *aunque*

presente de subjuntivo	imperfecto de subjuntivo
Aunque mañana **llueva**, iré. *Selbst wenn es morgen regnen sollte, werde ich hingehen.*	Aunque ahora **lloviera**, iría. *Selbst wenn es jetzt regnen würde, würde ich hingehen.*

Nach *aunque* wird *imperfecto de subjuntivo* verwendet, wenn sich der Nebensatz auf etwas bezieht, dass nicht erfüllt wird oder nicht in Erfüllung gehen kann.

***Presente de subjuntivo* oder *imperfecto de subjuntivo*?**

1. Por favor, quiero que (tú, escucharme).
2. Julio me pidió que (yo, ir) a su casa el miércoles.
3. Necesitaba que alguien (ayudarle) con los deberes de Matemáticas.
4. A él no le parece justo que el profesor (tratarle) tan mal.
5. Le gustaría que yo (hablar) con el profesor y (decirle) que Julio no entiende sus explicaciones.

1. me escuches
2. fuera
3. le ayudara
4. le trate/le tratara
5. hablara - le dijera

3. Gebrauch des *pretérito imperfecto de subjuntivo* (Übersicht)

	***subjuntivo* wird in Nebensätzen mit *que* verwendet, wenn das Verb des Hauptsatzes ...**	***presente de subjuntivo***	***imperfecto de subjuntivo***
1. Verben des Wünschens	eine **Willensäußerung** ausdrückt, wie z. B. Wünsche, Vorschläge, Aufforderungen, Verbote, etc.	Deseo que me **acompañéis**.	Desearía que me **acompañarais**.
2. Verben des Empfindens	ein **Gefühl** ausdrückt, wie z. B. Freude, Trauer, Angst, etc.	Me alegro de que **vengas** a mi fiesta.	Me alegré de que **vinieras** a mi fiesta.
3. Verben des Urteilens und unpersönliche Ausdrücke	eine **Wertung** oder ein **persönliches Urteil** ausdrückt. Oft handelt es sich dabei um **unpersönliche Ausdrücke.**	Es lógico que te **ayude**.	Sería lógico que te **ayudara**.
4. Verben der Unsicherheit und des Zweifels	einen **Zweifel** oder **Unsicherheit** ausdrückt. Häufig handelt es sich dabei um **verneinte Meinungsäußerungen**.	Tengo dudas de que esto **solucione** el problema.	Tenía dudas de que esto **solucionara** el problema.
5. in Relativsätzen	verneint ist, oder der Hauptsatz einen Wunsch oder ein Bedürfnis ausdrückt.	No hay nadie que me **comprenda**.	No había nadie que me **comprendiera**.

Konjunktionen, nach denen der *subjuntivo* steht:	*presente de subjuntivo*	*imperfecto de subjuntivo*
para que → § 18 GBH LA3	Le da la foto para que él actor la **firme**.	Le dio la foto para que el actor la **firmara**.
antes de que → § 21 GBH LA4	El museo compra el cuadro antes de que el pintor **muera**.	El museo compró el cuadro antes de que el pintor **muriera**.
siempre que → § 2	Siempre que me lo **digas** con tiempo, te ayudaré.	Te ayudaría siempre que me lo **dijeras**.
de modo/forma que → § 2	Espero que me ayude, de modo/forma que no **suspenda**.	Esperaba que me ayudara, de modo/forma que no **suspendiera**.
aunque → § 7	Aunque mañana **llueva**, iré.	Aunque ahora **lloviera**, iría.

Cuando, hasta que verwendet man in der Regel mit Indikativ, wenn die Handlung in der Vergangenheit stattfindet.

Unidad 3

§8 *a pesar de saberlo, de saberlo*

Subordinadas de infinitivo Nebensatzverkürzung mit Infinitiv

Die Nebensatzverkürzung mit Infinitiv ist sehr typisch für die spanische Sprache. Die meisten Nebensatzverkürzungen kennst du bereits. Hier lernst du zwei weitere kennen.

Me llevaba a sus reuniones **al salir de la escuela**.
A pesar de quererse tanto, mis padres se separaron.
De haber nacido hoy, mi vida habría sido muy diferente.

Diese Nebensatzverkürzungen mit Infinitiv kennst du bereits:

al + Infinitiv → § 10 GBH LA3 **antes de** + Infinitiv → § 20 GBH LA2 **después de** + Infinitiv → § 20 GBH LA2	Al llegar, nos saludó. *Als er ankam, grüßte er uns.* Llamad antes de venir. *Ruft an, bevor ihr kommt.* Después de irnos, llovió. *Es regnete, nachdem wir gegangen waren.*
por + Infinitiv → § 6 GBH LA4	Por llegar tarde, no pudo entrar. *Weil er zu spät kam, konnte er nicht hinein.*
para + Infinitiv → § 27 GBH LA1	Para ir, coge el coche. *Nimm das Auto, um dorthin zu gehen.*
sin + Infinitiv → § 6 GBH LA4	Se fue sin decir nada. *Er/sie ging, ohne etwas zu sagen.*

Das kommt jetzt neu hinzu:

Konzessivsatz

a pesar de + Infinitiv	A pesar de quererse, se separaron. *Obwohl sie sich liebten, trennten sie sich.*

Bedingungssatz

de + Infinitiv	De tener tiempo, lo hago. *Wenn ich Zeit habe, erledige ich es.*

Die Verkürzung mit Infinitiv ist immer dann möglich, wenn das Subjekt durch den Kontext **eindeutig** bleibt.

[!] Wenn sich der Nebensatz auf etwas Vergangenes bezieht, verwendet man den *infinitivo compuesto*, der sich aus dem Infinitiv von *haber* und dem Partizip Perfekt des Verbes zusammensetzt.

Verwende Nebensätze mit Infinitiv.

1. Antes de que llegara la dictadura, hubo una guerra.
2. A pesar de que ahora todo es mejor, estoy contenta con la vida que viví.
3. Si vuelvo a México, visitaré a mis amigos.
4. Volví después de que Franco muriera.
5. Si olvidas lo que pasó, no tienes futuro.

1. antes de llegar la dictadura
2. a pesar de ser ahora todo mejor
3. de volver a México
4. después de morir Franco
5. de olvidar lo que pasó

§9 *terminada la clase, empezada la noche*

Subordinadas de participio
Nebensatzverkürzung mit Partizip Perfekt

En 1939, **terminada la guerra**, recibí una carta de mi madre.
Comparado con antes, ahora se vive como un rey.

Terminado el viaje, hicieron una fiesta.	=	**Cuando terminaron** el viaje... → § 19 GBH LA4
El restaurante **abierto** por nosotros fue un éxito.	=	El restaurante **que abrimos** nosotros fue un éxito. → § 19 GBH LA4
Interesado el turista, le vendí el cuadro.	=	**Como** el turista estaba interesado, le vendí el cuadro.
Comparado contigo, yo soy bajo.	=	**Si** me comparas contigo, yo soy bajo.

Du weißt bereits, dass verkürzte Nebensätze mit Partizip Perfekt verwendet werden, um einen Temporalsatz oder Relativsatz zu ersetzen. Seltener drücken sie einen Grund oder eine Bedingung aus.

[!] Der Nebensatz mit Partizip Perfekt und der Hauptsatz können unterschiedliche Subjekte haben.
Muerto Franco, Marisa volvió a España.

Verwende ganze Nebensätze anstatt der Verkürzung mit Partizip Perfekt.

1. Separados mis padres, me fui a vivir a Madrid.
2. Llegado mi novio, empezó la fiesta.
3. Chicos, entendido el problema, podemos continuar.
4. Terminada la peli, nos fuimos a dormir.

1. Cuando se separaron mis padres / Después de que se separaran mis padres / Como mis padres se habían separado...
2. Cuando llegó mi novio...
3. Si habéis entendido el problema...
4. Después de que terminara la peli / Cuando terminó la peli...

§10 *me dice que venga, me dijo que viniera*

El estilo indirecto con subjuntivo
Die indirekte Rede mit *subjuntivo*

Du weißt bereits, dass es bei der indirekten Rede oft zu einer Verschiebung der Zeiten kommt (→ §§ 5, 17 GBH LA4). Dies ist auch beim Imperativ der Fall (→ § 18 GBH LA4).

En la carta me decía que **abandonara** España.
Mi madre me pidió que me **fuera** a vivir con ellos.

Das kennst du bereits: Einleitendes Verb im Präsens, Perfekt oder Futur

direkte Rede		indirekte Rede
Le dice: Vete del país. *imperativo*	→	Le dice que ***se vaya*** del país. *presente de subjuntivo*

Neu: Einleitendes Verb im *pretérito imperfecto, pretérito indefinido, pretérito pluscuamperfecto* oder *condicional*

direkte Rede		indirekte Rede
Le dijo: Vete del país. *imperativo*	→	Le dijo que **se fuera** del país. *imperfecto de subjuntivo*

Wenn wir den Imperativ in der indirekten Rede wiedergeben, hat das Verb *decir* die Funktion eines Befehls oder einer Bitte. Es löst deshalb (wie die Verben *querer, pedir* …) in der indirekten Rede den *presente de subjuntivo* oder den *imperfecto de subjuntivo* aus, je nachdem in welcher Zeit das einleitende Verb steht.

Schreibe die Sätze in der indirekten Rede.

1. Me dijiste: ¡Come!
2. Me ha ordenado: Sal de aquí.
3. Os dije: ¡No lo hagáis!
4. Mañana te diré: ¡Levántate pronto!
5. Nos pidió: Poned la mesa.

1. Me dijiste que comiera.
2. Me ha ordenado que salga de aquí.
3. Os dije que no lo hicierais.
4. Mañana te diré que te levantes pronto.
5. Nos pidió que pusiéramos la mesa.

§11 *iría y lo haría* — Formas y uso del condicional simple / Formen und Gebrauch des *condicional simple*

1. Formen

Um das *condicional simple* zu bilden, hängt man die Endungen *-ía / -ías / -ía / -íamos / -íais / -ían* an den Infinitiv des Verbs. Einige Verben haben einen eigenen Stamm für das Futur / *condicional*. Einen Überblick über die regelmäßigen und unregelmäßigen Formen findest du in den Verbtabellen im Anhang.

2. Gebrauch

Me gustaría visitarlo. *Ich würde ihn gerne besuchen.*	höflich ausgedrückter Wunsch
¿Te **importaría** ayudarme? *Könntest du mir vielleicht helfen?*	höfliche Bitte
Podríamos ir al cine. *Wir könnten ins Kino gehen.*	Möglichkeit, Vorschlag, Empfehlung
A lo mejor a algunos padres les **gustaría** un lenguaje más clásico. *Vielleicht möchten einige Eltern eine klassischere Sprache.*	Vermutung
Sería como unas vacaciones. *Das wäre wie Urlaub.*	hypothetische Ereignisse

Das *condicional simple* wird verwendet, um höfliche Wünsche und Bitten, Möglichkeiten, Vorschläge, Empfehlungen, Vermutungen und hypothetische Ereignisse auszudrücken.

§12 *lo habría hecho*

La formación y uso del condicional compuesto
Die Bildung und der Gebrauch des *condicional compuesto*

Él **habría preferido** que no fuera con ella.
Nunca lo **habríamos pensado**, pero el restaurante fue todo un éxito.
A mi madre también le **habrían gustado** estos cambios.

1. Bildung

Ayer	**habría** **habrías** **habría** **habríamos** **habríais** **habrían**	**hablado** **comido** con él, pero no fue posible. **salido**
Hilfsverb *haber* im *condicional simple*		+ Partizip Perfekt

2. Gebrauch

Me habría gustado visitarlo. *Ich hätte ihn gerne besucht.*	– in der Vergangenheit **nicht erfüllter Wunsch**
Habríamos podido ir al cine. *Wir hätten ins Kino gehen können.*	– **Möglichkeiten, Vorschläge** und **Empfehlungen**, die sich auf die Vergangenheit beziehen
Parecía cansado. **Habría estudiado** mucho. *Er sah müde aus. Er wird wohl viel gelernt haben.*	– **Vermutung** über ein vergangenes Ereignis (Vorvergangenheit)

Das *condicional compuesto* bezieht sich auf hypothetische Sachverhalte in der Vergangenheit.

Setze die Verben ins *condicional compuesto*.

Vamos a visitar a nuestra tía. **Nos gustaría** (1) llevarle un regalo. ¿Qué **podríamos** (2) regalarle? **Estaría** (3) bien una tarta, ¿no? Yo se la **compraría** (4), pero no tengo dinero.

Ahora tú:
Fuimos a visitar a nuestra tía ...
... pero no tenía dinero.

1. Nos habría gustado
2. habríamos podido
3. habría estado
4. habría comprado

Unidad 4

§13 *hubiera ido*

La formación del pretérito pluscuamperfecto de subjuntivo
Die Bildung des *pretérito pluscuamperfecto de subjuntivo*

Si **me hubiera ido** con él, viviría mejor.
Me habría ido ya también si **hubiera terminado** la preparatoria.

Si	**hubiera**	**preguntado,**	ahora lo sabría.
Si	**hubieras**	**comido,**	ahora no tendrías hambre.
Si	**hubiera**	**salido**	antes, ya estaría en casa.
Si	**hubiéramos**	**hecho**	los deberes, podríamos jugar.
Si	**hubierais**	**dicho**	la verdad, no tendríais problemas.
Si	**hubieran**	**puesto**	la mesa, podrían comer ya.

Hilfsverb *haber* im *imperfecto de subjuntivo* **+ Partizip Perfekt**

[!] Den Gebrauch des *pretérito pluscuamperfecto de subjuntivo* lernst du in Zusammenhang mit den irrealen Bedingungssätzen im nächsten Paragraph.

Setze die Formen in das *pluscuamperfecto de subjuntivo*.

yo, hablar – usted, comprar el móvil – nosotros, pensar – ustedes, ducharse – vosotros, estar allí – ella, comenzar – él, oírlo – hay problemas – tú, decir algo

hubiera hablado – hubiera comprado el móvil – hubiéramos pensado – se hubieran duchado – hubierais estado allí – hubiera comenzado – lo hubiera oído – hubiera habido problemas – hubieras dicho algo

§14 *si me quisieras, yo lo sabría* — Subordinadas condicionales irreales / Irreale Bedingungssätze

Die realen Bedingungssätze kennst du bereits (→ § 11 GBH LA4). Für die irrealen Bedingungssätze der Gegenwart brauchst du die Formen des *condicional simple* und des *subjuntivo de imperfecto*; für die irrealen Bedingungssätze der Vergangenheit die Formen des *condicional compuesto* und des *pluscuamperfecto de subjuntivo*, die du gerade gelernt hast.

Si **viviéramos** en el campo, mi hermano no **tendría** alergia.
Me **habría ido** si **hubiera terminado** ya la preparatoria.
Si me **hubiera ido** a Estados Unidos, **viviría** mejor.
¡Como si **fuera** tan fácil!

1. Irreale Bedingungssätze der Gegenwart

Nebensatz: *imperfecto de subjuntivo*	**Hauptsatz:** *condicional simple*
Si **tuviera** dinero, *Wenn ich Geld hätte,*	**me compraría** el móvil. *würde ich das Handy kaufen.*

Wie im Deutschen verwendet man im Spanischen die irrealen Bedingungssätze, um eine Voraussetzung oder Bedingung zu nennen, die in der Gegenwart nicht erfüllt ist. In diesem Fall steht der *imperfecto de subjuntivo* (→ §13) im *si*-Satz und das *condicional simple* (→ §12) im Hauptsatz.

Am einfachsten merkt man sich die Zuordnung von *condicional* und *subjuntivo*, indem man einen Satz auswendig lernt.

2. Irreale Bedingungssätze der Vergangenheit

Nebensatz:	Hauptsatz:
pluscuamperfecto de subjuntivo	***condicional compuesto***
Si **hubiera tenido** dinero,	**me habría comprado** el móvil.
Wenn ich Geld gehabt hätte,	*hätte ich das Handy gekauft.*

Wenn sich der Bedingungssatz auf etwas Vergangenes bezieht, steht *pluscuamperfecto de subjuntivo* (→ §13) im *si*-Satz und *condicional compuesto* (→ §12) im Hauptsatz.

[!] Si **hubiéramos ido** en coche, **hubiéramos llegado** más rápido.
In den irrealen Bedingungssätzen der Vergangenheit ist es möglich, sowohl im Nebensatz als auch im Hauptsatz *pluscuamperfecto de subjuntivo* zu verwenden.

[!] Ähnlich wie im Deutschen, kann man die vorher genannten Zeiten auch kombinieren, also *pluscuamperfecto de subjuntivo* + *condicional simple* oder *imperfecto de subjuntivo* + *condicional compuesto*.

[!] Mit *como si* (*als ob*) kann man einen irrealen Vergleich anstellen.
Me gritó **como si** yo no le **entendiera**.

Setze das Verb in die richtige Form.

1. Si tuviéramos dinero, lo ? (nosotros, comprar).
2. Te acompañaría si ? (yo, tener) tiempo.
3. Si yo ? (ser) tú, no lo haría.
4. Si ustedes ? (salir) antes, habrían llegado a la hora correcta.
5. Me preguntó como si no ? (él, entender) nada.
6. Si no me hubiera ayudado, yo ahora ? (estar) en el hospital.

1. compraríamos
2. tuviera
3. fuera
4. hubieran salido
5. entendiera, hubiera entendido
6. estaría

Unidad 5

§15 *es fundada, fue asesinado* — La voz pasiva / Das Passiv

Tenochtitlan **fue gobernada** por tlatoanis.
En Tabasco a Cortés le **fueron regaladas** algunas mujeres.
Creía que los españoles **habían sido mandados** por los dioses.

1. Das Passiv

El presidente **es**	elegido.		*Der Präsident wird gewählt.*
La fiesta **será**	organizada	**por** Sonia.	*Die Feier wird von Sonia organisiert werden.*
Ellos **son**	asesinados.		*Sie werden umgebracht.*
Las cartas **fueron**	escritas	**por** nosotros.	*Die Briefe wurden von uns geschrieben.*
Verb *ser* +	**Partizip Perfekt +**	**Präposition *por***	

Das Passiv wird mit dem konjugierten Verb *ser* + Partizip Perfekt gebildet.
Das Partizip Perfekt ändert die Endung wie ein Adjektiv und richtet sich in Genus und Numerus nach dem Subjekt.
Wenn der Urheber der Aktion genannt werden soll, wird er mit *por* angefügt.

2. Passiversatz

Se dice **Uno dice** **Dicen** **Decimos**	que Zapata era un héroe.	*Es wird behauptet, dass Zapata ein Held war.* *Man sagt, dass Zapata ein Held war.*

Das Passiv wird im Spanischen seltener verwendet als im Deutschen. Anstelle des Passivs kann man *pasiva refleja* (→ § 16), das unpersönliche Pronomen *uno*, die 3. Person Plural oder die 1. Person Plural verwenden.

Forme die Aktivsätze in Passivsätze um wie im Beispiel.

Beispiel: Los aztecas regalaron mujeres.
→ Mujeres fueron regaladas por los aztecas.

1. Los aztecas fundaron la ciudad.
2. Cortés hizo prisionero al tlatoani.
3. La Malinche escuchó sus palabras.
4. Los aztecas asesinaron a Moctezuma.
5. Los aztecas defendieron Tenochtitlan, pero los españoles al final la tomaron.

1. La ciudad fue fundada por los aztecas.
2. El tlatoani fue hecho prisionero por Cortés.
3. Sus palabras fueron escuchadas por la Malinche.
4. Moctezuma fue asesinado por los aztecas.
5. Tenochtitlan fue defendida por los aztecas, pero al final fue tomada por los españoles.

§16 *se dice así* — La pasiva refleja / Passiversatz mit dem Pronomen *se*

Der Passiversatz mit dem Pronomen *se* hast du bereits letztes Jahr gelernt (→ § 3 GBH LA4). Hier wiederholst du nur das Wichtigste.

La carta fue escrita <u>por mi madre</u>. *Der Brief wurde von meiner Mutter geschrieben.*	En España **se toca** mucho la guitarra. *In Spanien wird viel Gitarre gespielt./* *In Spanien spielt man viel Gitarre.*
Urheber genannt **→ *Passiv***	**Urheber ungenannt oder unwichtig** **→ *pasiva refleja***

Man verwendet die *pasiva refleja*, um eine Handlung zu beschreiben, deren Urheber nicht bekannt oder irrelevant ist.

Das Verb richtet sich in Singular oder Plural nach dem Nomen, auf das es sich bezieht.
En España **se come** <u>paella</u>. En España **se hablan** <u>cuatro idiomas</u>.

Unidad 6

§17 *leyendo esto, mirando el texto* — Subordinadas de gerundio / Nebensatzverkürzung mit *gerundio*

Du kennst bereits die Nebensatzverkürzungen mit Infinitiv und Partizip (→ §§ 8, 9$).
Hier lernst du eine weitere Möglichkeit, Nebensätze zu verkürzen.
Für die Bildung des *gerundio* siehe (→ § 38 GBH LA1).
Für den Gebrauch des *gerundio* in Verbalperiphrasen siehe (→ § 7 GBH LA3).

Trabajé **cuidando** a niños.
Sabía que, **graduándome**, podría encontrar un buen trabajo.
Aún **teniendo** un padre músico, Valdemar tuvo que luchar contra dificultades.

Temporalsatz (ähnlich wie *al* + Infinitiv)

Yendo a casa, vio un accidente. **Viviendo en España,** podían aprender el idioma.	***Als*** *er nach Hause kam, sah er einen Unfall.* ***Während*** *sie in Spanien lebten, konnten sie die Sprache lernen.*

Bedingungssatz

Buscando mucho, encontraré mi gato.	***Wenn*** *ich lange suche, werde ich meine Katze finden.*

Modalsatz (oder zwei Handlungen, die gleichzeitig geschehen)

La llamé **gritando su nombre.** Se levantó **cerrando el libro.**	*Ich rief sie,* ***indem*** *ich ihren Namen schrie.* *Er stand auf* ***und*** *klappte das Buch zu.*

Konzessivsatz (nach *aun* oder *incluso*)

Aun sabiendo idiomas, no la querían en la tienda.	***Obwohl*** *sie Fremdsprachen konnte, wollte man sie nicht im Laden haben.*

Kausalsatz

Habiendo comido mucho, no queremos jugar al fútbol.	***Da/weil*** *wir viel gegessen haben, möchten wir nicht Fußball spielen.*

Die Nebensatzverkürzung mit *gerundio* kann sehr unterschiedliche Bedeutungen haben.
In der Regel geht die Bedeutung jedoch aus dem Kontext hervor.

[!] Siendo Juan mi amigo, le regalé un libro.
Da Juan mein Freund ist, schenkte ich ihm ein Buch.

Der Nebensatz mit *gerundio* und der Hauptsatz haben in der Regel dasselbe Subjekt. Der Nebensatz kann aber auch ein eigenes Subjekt aufweisen.

[!] **Habiendo terminado** los exámenes, pudo irse de vacaciones.
Da *die Prüfungen zu Ende waren, konnte er / sie in Urlaub fahren.*

Wenn sich der Nebensatz auf eine Vorvergangenheit bezieht, verwendet man das *gerundio compuesto*, das sich aus dem *gerundio* von *haber* und dem Partizip Perfekt des Verbs zusammensetzt.

[!] **Cuando** salía de casa, empezó a llover.

- **Al salir** de casa, empezó a llover.
- **Saliendo** de casa, empezó a llover.

Como había terminado el examen, me fui.

- **Terminado** el examen, me fui.
- **Habiendo terminado** el examen, me fui.

Si llegan antes de la una, me llaman.

- **De llegar** antes de la una, me llaman.
- **Llegando** antes de la una, me llaman.

Manchmal bietet die spanische Sprache mehrere Möglichkeiten, einen Nebensatz zu verkürzen.

Verwende Nebensätze mit *gerundio*.

1. **Cuando llegaba a España**, perdió el pasaporte.
2. Empezó a trabajar **aunque no tenía papeles**.
3. Mi mujer lo ayuda **porque cree que quiere estudiar música**.
4. Para pagarse los estudios **hizo los trabajos más duros**. (solución: Se pagó los estudios...)
5. **Si tengo papeles**, voy a encontrar trabajo.

1. Llegando a España, …
2. … aun no teniendo papeles.
3. … creyendo que quiere estudiar música.
4. … haciendo los trabajos más duros.
5. Teniendo papeles, …

§18 *para el que, cuyo* — Pronombres y adverbios de relativo / Relativpronomen und -adverbien

Einige Relativpronomen und -adverbien kennst du bereits.
Hier lernst du das Relativpronomen *cuyo*.

Tenía un padre y un tío **que** eran músicos.
Aún sin piernas, Irene sabe llegar **a donde** quiere.
Muchos chicos pobres, **cuyas** vidas parecen no tener futuro, pueden hacer realidad sus sueños.

NEU: cuyo

Tengo un amigo **cuya madre** es médica.
Ich habe einen Freund, dessen Mutter Ärztin ist.
Tengo una amiga **cuyos padres** son profesores.
Ich habe eine Freundin, deren Eltern Lehrer sind.

Cuyo / cuya / cuyos / cuyas richten sich in Genus und Numerus nach dem Substantiv, das folgt, und nicht wie im Deutschen nach dem Besitzer. Das heißt, *cuyo* verwendet man wie ein Adjektiv.

Diese Relativpronomen- und adverbien kennst du bereits (→ § 8 GBH LA3):

que

Es un libro **que** me gusta mucho.

Que ist unveränderlich und kann sich auf Personen oder Gegenstände beziehen.

el que

<u>Tu amiga</u>, **la que** juega al fútbol, es muy simpática.	*El que / la que / los que / las que* benutzt man, – um eine Bezugsperson oder -sache genauer zu beschreiben oder zu identifizieren,
Los que hicieron el Camino de Santiago se divirtieron mucho.	– wenn kein Bezugswort im Satz enthalten ist,
Es <u>la chica</u> **con** <u>**la**</u> **que** salgo.	– wenn *que* zusammen mit einer Präposition verwendet wird.

donde, cuando

el lugar **en el que** estoy = el lugar **donde** estoy el bar **al que** vamos = el bar **a donde** vamos el año **en el que** nació = el año **cuando** nació	Anstelle des Relativpronomens mit Präposition steht oft ein Adverb.

Schreibe das richtige Relativpronomen.

Aquella casa (1) ventanas están abiertas es la mía. Y mi hermana es la chica (2) ves junto a la puerta y con (3) está hablando un niño. Ese niño, (4) hermana es de mi edad, va al instituto (5) voy yo.

(1) cuyas (2) que (3) la que
(4) cuya (5) al que / a donde

Unidad 7

§19 ***pasatiempos y rompecabezas***

Palabras compuestas
Zusammengesetzte Wörter

El director **anglosajón,** el padre McEnroe, inicia un proyecto.
La película analiza muy bien el **rompecabezas** político del Chile de esos años.
La película es un **sinfín** de escenas sentimentaloides.

1. Zusammengesetzte Wörter

Centroamérica (centro + América)	Substantiv + Substantiv
medioambiental (medio + ambiental)	Substantiv + Adjektiv
cumpleaños (cumplir + años)	Verb + Substantiv
lationamericano (latino + americano)	Adjektiv + Adjektiv
sinfín (sin + fin)	Präposition + Substantiv
bienvenidos (bien + venidos)	Adverb + Partizip Perfekt

Zusammengesetze Wörter bestehen aus zwei bereits bestehenden Wörtern.

[!] Küchentisch = la mesa de la cocina
Wasserflasche = la botella de agua
Kunsterziehung = la educación plástica

Zusammengesetzte Wörter sind typisch für die deutsche Sprache. Auf Spanisch verwendet man lieber die Präposition *de* oder schreibt Nomen und Adjektiv getrennt.

[✓] **Setze Wörter zusammen. Manchmal musst du die Reihenfolge der Teilwörter ändern.**

1. copia + foto
2. novela + tele(visión)
3. terreno + todo
4. cuatro + ciento
5. cabeza + romper
6. tiempo + pasar

1. la fotocopia
2. la telenovela
3. el todoterreno
4. cuatrocientos
5. el rompecabezas
6. el pasatiempo

§20 *inusual y atípico* — La formación de palabras / Die Wortbildung

Die Verkleinerungsform *-ito* (→ § 16 GBH LA3), die Adverbien auf *-mente* (→ § 36 GBH LA2) oder den Superlativ auf *-ísimo* (→ § 23 GBH LA2) hast du bereits gelernt. Hier lernst du, mit weiteren Suffixen und Präfixen Wörter zu bilden.

La película tiene **sub**títulos.
Refleja el momento histór**ico**.
Es para gente llor**ona**.

1. Wortbildung durch Ableitung mit Präfixen

Beispiele für Präfixe	mögliche Bedeutung	Beispielwort
anti-	gegen	crema **anti**mosquitos *(gegen Mücken)*
con-/com-	zusammen, mit	**con**vivencia *(Zusammenleben)*
de-, des-	un-	**des**conocido *(unbekannt)*
i-, im-, in-	un-	**i**legal *(illegal)*
inter-, entre-	zwischen	**inter**cambio *(Austausch)*
sub-	unter	**sub**títulos *(Untertitel)*
super-	über, super	**super**mercado *(Supermarkt)*

Präfixe werden dem Wort vorangestellt. Durch ein Präfix ändert sich die Wortart nicht.

Trenne die Wörter zwischen Präfix und Ausgangswort.

Ejemplo: inútil → in-útil

1. internacional
2. compatriota
3. descansar
4. irreparable
5. entrevistar
6. desaparecer
7. compartir
8. desordenado

1. inter-nacional 2. com-patriota 3. des-cansar 4. i-reparable 5. entre-vistar 6. des-aparecer 7. com-partir 8. des-ordenado

2. Wortbildung durch Ableitung mit Suffixen

Beispiele für Suffixe	(neue) Wortart	Beispielwort
-able -al -ante -ario, -aria -ico, -ica -ón, -ona -oso, -osa	Adjektiv	irrepar**able** geni**al** interes**ante** revolucion**ario, -a** artíst**ico, -a** llor**ón**, llor**ona** graci**oso, -a**
-ancia, -anza -(c)ión -(e)dad -ena -ero, -era -ez, -eza -ismo -ista	Substantiv	import**ancia** educa**ción** enferm**edad** dec**ena** mensaj**ero, -a** bell**eza** franqu**ismo** art**ista**
-mente	Adverb	sola**mente**
-ear -(i)zar	Verb	chat**ear** util**izar**

Suffixe werden an das Wort angehängt und in der Regel verwendet, um eine neue Wortart zu bilden.

[!] Eine besondere Art der Suffixe stellen die *diminutivos* (Verkleinerungsformen) oder der absolute Superlativ (Steigerungsform) dar, die die Wortart nicht verändern.

un perro pequeñito

un perro

un perro grandísimo

Welches dir bekannte Wort versteckt sich hinter dem neuen Wort?

1. deletrear *(Subst.)*
2. tradicional *(Subst.)*
3. esperanza *(Verb)*
4. vaqueros *(Subst.)*
5. precioso *(Subst.)*
6. turístico *(Subst.)*
7. facilidad *(Adj.)*
8. docena *(Subst.)*
9. decisión *(Verb)*

1. letra
2. tradición
3. esperar
4. vaca
5. precio
6. turismo / turista
7. fácil
8. doce
9. decidir / decir

§21 *habrás hablado, habremos escuchado*

Formación y uso del futuro compuesto
Bildung und Gebrauch des Futurs II

Um das *futuro compuesto* zu bilden, musst du das *futuro simple* des Verbs *haber* verwenden (→ § 9 GBH LA4).

Supongo que **habréis oído** hablar de la película o, incluso, ya la **habréis visto**.
¿**Habrá visto** Schumacher ya la película?

	habré	**hablado** con ella.
	habrás	**bebido** la botella.
	habrá	**salido** de casa.
Ya	**habremos**	**hecho** la cena.
	habréis	**visto** la película.
	habrán	**escrito** la carta.
	Hilfsverb *haber* im *futuro simple*	+ Partizip Perfekt

Mamá, antes de irme, **habré ordenado** la habitación.
Mama, bevor ich weggehe, werde ich mein Zimmer aufgeräumt haben.

¿Por qué no llaman? Ya **habrán llegado** a París.
Warum rufen sie nicht an? Sie werden wohl schon in Paris angekommen sein.

¿**Habrán llegado** ya?
Ob sie wohl schon angekommen sind?

Ähnlich wie im Deutschen verwendet man das *futuro compuesto*:
- um Handlungen wiederzugeben, die abgeschlossen sein werden, wenn eine andere, neue zukünftige Handlung eintritt;
- um eine Vermutung in Bezug auf etwas Vergangenes auszudrücken.

Anders als im Deutschen kann das *futuro compuesto* auch Unsicherheit in Fragen ausdrücken.
Im Deutschen ist das Futur II weniger häufig als im Spanischen.

Antworte auf die Frage und verwende dabei *futuro compuesto*.

¿Qué habrá pasado?

1. Luis – tener un problema
2. Laura y María – perder su dinero
3. Vosotros – ver una película
4. usted – romperse un brazo
5. tú – discutir con tu novio, -a
6. ella – olvidar recogerme

1. Luis habrá tenido un problema.
2. Laura y María habrán perdido su dinero.
3. Habréis visto una película.
4. (Usted) Se habrá roto un brazo.
5. Habrás discutido con tu novio, -a.
6. Habrá olvidado recogerme.

Verbtabellen

Die folgenden Tabellen geben dir einen Überblick über die Verbkonjugationen. Unter „Regelmäßige Verben“ findest du alle regelmäßigen Verbformen, die du in *Línea amarilla 1–5* lernst. Unter „Verben mit orthografischen Änderungen, Gruppenverben und unregelmäßigen Verben“ findest du in alphabetischer Reihenfolge alle in *Línea amarilla 1–5* vorkommenden Verben, die vom regelmäßigen Schema abweichen. Bei einigen Verben wird auf das Konjugationsmuster von anderen Verben verwiesen, weil sie gleich konjugiert werden.

Regelmäßige Verben

Verben auf *-ar*

presente de indicativo	pretérito indefinido	pretérito imperfecto	futuro simple	condicional simple	presente de subjuntivo	imperfecto de subjuntivo	imperativo / imperativo negativo
trabajo trabajas trabaja trabajamos trabajáis trabajan	trabajé trabajaste trabajó trabajamos trabajasteis trabajaron	trabajaba trabajabas trabajaba trabajábamos trabajabais trabajaban	trabajaré trabajarás trabajará trabajaremos trabajaréis trabajarán	trabajaría trabajarías trabajaría trabajaríamos trabajaríais trabajarían	trabaje trabajes trabaje trabajemos trabajéis trabajen	trabajara trabajaras trabajara trabajáramos trabajarais trabajaran	trabaja / no trabajes trabajad / no trabajéis **participio** trabajado **gerundio** trabajando

Verben auf *-er*

presente de indicativo	pretérito indefinido	pretérito imperfecto	futuro simple	condicional simple	presente de subjuntivo	imperfecto de subjuntivo	imperativo / imperativo negativo
como comes come comemos coméis comen	comí comiste comió comimos comisteis comieron	comía comías comía comíamos comíais comían	comeré comerás comerá comeremos comeréis comerán	comería comerías comería comeríamos comeríais comerían	coma comas coma comamos comáis coman	comiera comieras comiera comiéramos comierais comieran	come / no comas comed / no comáis **participio** comido **gerundio** comiendo

Verben auf *-ir*

presente de indicativo	pretérito indefinido	pretérito imperfecto	futuro simple	condicional simple	presente de subjuntivo	imperfecto de subjuntivo	imperativo / imperativo negativo
vivo vives vive vivimos vivís viven	viví viviste vivió vivimos vivisteis vivieron	vivía vivías vivía vivíamos vivíais vivían	viviré vivirás vivirá viviremos viviréis vivirán	viviría vivirías viviría viviríamos viviríais vivirían	viva vivas viva vivamos viváis vivan	viviera vivieras viviera viviéramos vivierais vivieran	vive/ no vivas vivid / no viváis **participio** vivido **gerundio** viviendo

Reflexive Verben

presente de indicativo	pretérito indefinido	pretérito imperfecto	futuro simple	condicional simple	presente de subjuntivo	imperfecto de subjuntivo
me lavo	me lavé	me lavaba	me lavaré	me lavaría	me lave	me lavara
te lavas	te lavaste	te lavabas	te lavarás	te lavarías	te laves	te lavaras
se lava	se lavó	se lavaba	se lavará	se lavaría	se lave	se lavara
nos lavamos	nos lavamos	nos lavábamos	nos lavaremos	nos lavaríamos	nos lavemos	nos laváramos
os laváis	os lavasteis	os lavabais	os lavaréis	os lavaríais	os lavéis	os lavarais
se lavan	se lavaron	se lavaban	se lavarán	se lavarían	se laven	se lavaran

Verben auf *-ar*

imperativo
lávate lavaos
participio
lavado
gerundio
lavándose

Verben auf *-er*

imperativo
cómete comeos
participio
comido
gerundio
comiéndose

Verben auf *-ir*

imperativo
abúrrete aburríos
participio
aburrido
gerundio
aburriéndose

Verben mit orthografischen Änderungen, Gruppen- und unregelmäßige Verben

1. **abrir** regelmäßig, mit Ausnahme des Partizips: **abierto**
2. **acercarse** wie 17. buscar, aber reflexiv (imperativo: acércate, acercaos; gerundio: acercándose)
3. **acostarse** wie 37. contar, aber reflexiv (imperativo: acuéstate, acostaos; gerundio: acostándose)
4. **advertir** wie 124. preferir
5. **aislar** Akzente auf dem i wie 75. enviar
6. **alcanzar** wie 46. cruzar
7. **alzarse** wie 46. cruzar, aber reflexiv
8. **analizar** wie 46. cruzar
9. **andar**

presente de indicativo	pretérito indefinido	pretérito imperfecto	futuro simple	condicional simple	presente de subjuntivo	imperfecto de subjuntivo	imperativo
ando	anduve	andaba	andaré	andaría	ande	anduviera	anda
andas	anduviste	andabas	andarás	andarías	andes	anduvieras	andad
anda	anduvo	andaba	andará	andaría	ande	anduviera	**participio**
andamos	anduvimos	andábamos	andaremos	andaríamos	andemos	anduviéramos	andado
andáis	anduvisteis	andabais	andaréis	andaríais	andéis	anduvierais	**gerundio**
andan	anduvieron	andaban	andarán	andarían	anden	anduvieran	andando

10. **apagar** wie 95. llegar
11. **aparecer** wie 33. conocer
12. **apostar** wie 37. contar
13. **arrepentirse** wie 124. preferir, aber reflexiv (imperativo: arrepiéntete, arrepentíos; gerundio: arrepintiéndose)
14. **autorizar** wie 46. cruzar
15. **avanzar** wie 46. cruzar
16. **avergonzarse**

presente de indicativo	pretérito indefinido	pretérito imperfecto	futuro simple	condicional simple	presente de subjuntivo	imperfecto de subjuntivo	imperativo
me avergüenzo	me avergoncé	me avergonzaba	me avergonzaré	me avergonzaría	me avergüence	me avergonzara	avergüénzate
te avergüenzas	te avergonzaste	te avergonzabas	te avergonzarás	te avergonzarías	te avergüences	te avergonzaras	avergonzaos
se avergüenza	se avergonzó	se avergonzaba	se avergonzará	se avergonzaría	se avergüence	se avergonzara	**participio**
nos avergonzamos	nos avergonzamos	nos avergonzábamos	nos avergonzaremos	nos avergonzaríamos	nos avergoncemos	nos avergonzáramos	avergonzado
os avergonzáis	os avergonzasteis	os avergonzabais	os avergonzaréis	os avergonzaríais	os avergoncéis	os avergonzarais	**gerundio**
se avergüenzan	se avergonzaron	se avergonzaban	se avergonzarán	se avergonzarían	se avergüencen	se avergonzaran	avergonzándose

17. **buscar** (c-qu)

presente de indicativo	pretérito indefinido	pretérito imperfecto	futuro simple	condicional simple	presente de subjuntivo	imperfecto de subjuntivo	imperativo
busco	busqué	buscaba	buscaré	buscaría	busque	buscara	busca
buscas	buscaste	buscabas	buscarás	buscarías	busques	buscaras	buscad
busca	buscó	buscaba	buscará	buscaría	busque	buscara	**participio**
buscamos	buscamos	buscábamos	buscaremos	buscaríamos	busquemos	buscáramos	buscado
buscáis	buscasteis	buscabais	buscaréis	buscaríais	busquéis	buscarais	**gerundio**
buscan	buscaron	buscaban	buscarán	buscarían	busquen	buscaran	buscando

18. **caber**

presente de indicativo	pretérito indefinido	pretérito imperfecto	futuro simple	condicional simple	presente de subjuntivo	imperfecto de subjuntivo	imperativo
quepo	**cupe**	cabía	**cabré**	**cabría**	**quepa**	**cupiera**	cabe
cabes	**cupiste**	cabías	**cabrás**	**cabrías**	**quepas**	**cupieras**	cabed
cabe	**cupo**	cabía	**cabrá**	**cabría**	**quepa**	**cupiera**	**participio**
cabemos	**cupimos**	cabíamos	**cabremos**	**cabríamos**	**quepamos**	**cupiéramos**	cabido
cabéis	**cupisteis**	cabíais	**cabréis**	**cabríais**	**quepáis**	**cupierais**	**gerundio**
caben	**cupieron**	cabían	**cabrán**	**cabrían**	**quepan**	**cupieran**	cabiendo

19. **caer**

presente de indicativo	pretérito indefinido	pretérito imperfecto	futuro simple	condicional simple	presente de subjuntivo	imperfecto de subjuntivo	imperativo
caigo	caí	caía	caeré	caería	**caiga**	cayera	cae
caes	caíste	caías	caerás	caerías	**caigas**	cayeras	caed
cae	cayó	caía	caerá	caería	**caiga**	cayera	**participio**
caemos	caímos	caíamos	caeremos	caeríamos	**caigamos**	cayéramos	caído
caéis	caísteis	caíais	caeréis	caeríais	**caigáis**	cayerais	**gerundio**
caen	cayeron	caían	caerán	caerían	**caigan**	cayeran	cayendo

20. **caerse** wie 19. caer, aber reflexiv (imperativo: cáete, caeos; gerundio: cayéndose)

21. **calificar** wie 17. buscar

22. **castigar** wie 95. llegar

23. **cerrar** wie 114. pensar

24. **coger** (g-j)

presente de indicativo	pretérito indefinido	pretérito imperfecto	futuro simple	condicional simple	presente de subjuntivo	imperfecto de subjuntivo	imperativo
cojo	cogí	cogía	cogeré	cogería	coja	cogiera	coge
coges	cogiste	cogías	cogerás	cogerías	cojas	cogieras	coged
coge	cogió	cogía	cogerá	cogería	coja	cogiera	**participio**
cogemos	cogimos	cogíamos	cogeremos	cogeríamos	cojamos	cogiéramos	cogido
cogéis	cogisteis	cogíais	cogeréis	cogeríais	cojáis	cogierais	**gerundio**
cogen	cogieron	cogían	cogerán	cogerían	cojan	cogieran	cogiendo

25. **colgar** wie 91. jugar

26. **comenzar** wie 69. empezar

27. **comprobar** wie 37. contar

28. **comunicarse** wie 17. buscar, aber reflexiv (imperativo: comunícate, comunicaos; gerundio: comunicándose)

29. **concluir** wie 59. destruir

30. **condolerse** wie 172. volver, aber reflexiv (imperativo: conduélete; condoleos; gerundio: condoliéndose)

31. **conducir** wie 127. producir

32. **confiar** wie 75. enviar

33. **conocer** (-zco)

presente de indicativo	pretérito indefinido	pretérito imperfecto	futuro simple	condicional simple	presente de subjuntivo	imperfecto de subjuntivo	imperativo
conozco	conocí	conocía	conoceré	conocería	conozca	conociera	conoce
conoces	conociste	conocías	conocerás	conocerías	conozcas	conocieras	conoced
conoce	conoció	conocía	conocerá	conocería	conozca	conociera	**participio**
conocemos	conocimos	conocíamos	conoceremos	conoceríamos	conozcamos	conociéramos	conocido
conocéis	conocisteis	conocíais	conoceréis	conoceríais	conozcáis	conocierais	**gerundio**
conocen	conocieron	conocían	conocerán	conocerían	conozcan	conocieran	conociendo

34. **conseguir** wie 151. seguir

35. **constituir** wie 59. destruir

36. **construir** wie 59. destruir

37. **contar** (-ue-)

presente de indicativo	pretérito indefinido	pretérito imperfecto	futuro simple	condicional simple	presente de subjuntivo	imperfecto de subjuntivo	imperativo
cuento	conté	contaba	contaré	contaría	cuente	contara	cuenta
cuentas	contaste	contabas	contarás	contarías	cuentes	contaras	contad
cuenta	contó	contaba	contará	contaría	cuente	contara	**participio**
contamos	contamos	contábamos	contaremos	contaríamos	contemos	contáramos	contado
contáis	contasteis	contabais	contaréis	contaríais	contéis	contarais	**gerundio**
cuentan	contaron	contaban	contarán	contarían	cuenten	contaran	contando

38. **continuar** (-úo)

presente de indicativo	pretérito indefinido	pretérito imperfecto	futuro simple	condicional simple	presente de subjuntivo	imperfecto de subjuntivo	imperativo
continúo	continué	continuaba	continuaré	continuaría	continúe	continuara	continúa
continúas	continuaste	continuabas	continuarás	continuarías	continúes	continuaras	continuad
continúa	continuó	continuaba	continuará	continuaría	continúe	continuara	**participio**
continuamos	continuamos	continuábamos	continuaremos	continuaríamos	continuemos	continuáramos	continuado
continuáis	continuasteis	continuabais	continuaréis	continuaríais	continuéis	continuarais	**gerundio**
continúan	continuaron	continuaban	continuarán	continuarían	continúen	continuaran	continuando

39. **contribuir** wie 59. destruir

40. **convencer** (c-z)

presente de indicativo	pretérito indefinido	pretérito imperfecto	futuro simple	condicional simple	presente de subjuntivo	imperfecto de subjuntivo	imperativo
convenzo	convencí	convencía	convenceré	convencería	convenza	convenciera	convence
convences	convenciste	convencías	convencerás	convencerías	convenzas	convencieras	convenced
convence	convenció	convencía	convencerá	convencería	convenza	convenciera	**participio**
convencemos	convencimos	convencíamos	convenceremos	convenceríamos	convenzamos	convenciéramos	convencido
convencéis	convencisteis	convencíais	convenceréis	convenceríais	convenzáis	convencierais	**gerundio**
convencen	convencieron	convencían	convencerán	convencerían	convenzan	convencieran	convenciendo

41. **convertirse** wie 124. preferir, aber reflexiv (imperativo: conviértete; convertíos; gerundio: convirtiéndose)

42. **costar** wie 37. contar

43. **crecer** wie 33. concocer

44. **creer** wie 94. leer

45. **criticar** wie 17. buscar

46. **cruzar** (z-c)

presente de indicativo	pretérito indefinido	pretérito imperfecto	futuro simple	condicional simple	presente de subjuntivo	imperfecto de subjuntivo	imperativo
cruzo	crucé	cruzaba	cruzaré	cruzaría	cruce	cruzara	cruza
cruzas	cruzaste	cruzabas	cruzarás	cruzarías	cruces	cruzaras	cruzad
cruza	cruzó	cruzaba	cruzará	cruzaría	cruce	cruzara	**participio**
cruzamos	cruzamos	cruzábamos	cruzaremos	cruzaríamos	crucemos	cruzáramos	cruzado
cruzáis	cruzasteis	cruzabais	cruzaréis	cruzaríais	crucéis	cruzarais	**gerundio**
cruzan	cruzaron	cruzaban	cruzarán	cruzarían	crucen	cruzaran	cruzando

47. **dar**

presente de indicativo	pretérito indefinido	pretérito imperfecto	futuro simple	condicional simple	presente de subjuntivo	imperfecto de subjuntivo	imperativo
doy	di	daba	daré	daría	dé	diera	da
das	diste	dabas	darás	darías	des	dieras	dad
da	dio	daba	dará	daría	dé	diera	**participio**
damos	dimos	dábamos	daremos	daríamos	demos	diéramos	dado
dais	disteis	dabais	daréis	daríais	deis	dierais	**gerundio**
dan	dieron	daban	darán	darían	den	dieran	dando

48. **darse** wie 47. dar, aber reflexiv (gerundio: dándose)

49. **decir**

presente de indicativo	pretérito indefinido	pretérito imperfecto	futuro simple	condicional simple	presente de subjuntivo	imperfecto de subjuntivo	imperativo
digo	dije	decía	diré	diría	diga	dijera	di
dices	dijiste	decías	dirás	dirías	digas	dijeras	decid
dice	dijo	decía	dirá	diría	diga	dijera	**participio**
decimos	dijimos	decíamos	diremos	diríamos	digamos	dijéramos	dicho
decís	dijisteis	decíais	diréis	diríais	digáis	dijerais	**gerundio**
dicen	dijeron	decían	dirán	dirían	digan	dijeran	diciendo

50. **defender** wie 73. entender

51. **derretirse** wie 112. pedir (imperativo: derrítete, derretíos; gerundio: derritiéndose)

52. **desaparecer** wie 33. conocer

53. **descontar** wie 37. contar

54. **describir** regelmäßig, mit Ausnahme des Partizips: **descrito**

55. **descubrir** regelmäßig, mit Ausnahme des Partizips: **descubierto**

56. **despedir** wie 112. pedir

57. **despedirse** wie 112. pedir, aber reflexiv (imperativo: despídete, despedíos; gerundio: despidiéndose)

58. **despertarse** wie 114. pensar, aber reflexiv (imperativo: despiértate, despertaos; gerundio: despertándose)

59. **destruir** (i-y)

presente de indicativo	pretérito indefinido	pretérito imperfecto	futuro simple	condicional simple	presente de subjuntivo	imperfecto de subjuntivo	imperativo
destruyo	destruí	destruía	destruiré	destruiría	destruya	destruyera	destruye
destruyes	destruiste	destruías	destruirás	destruirías	destruyas	destruyeras	destruid
destruye	destruyó	destruía	destruirá	destruiría	destruya	destruyera	**participio**
destruimos	destruimos	destruíamos	destruiremos	destruiríamos	destruyamos	destruyéramos	destruido
destruís	destruisteis	destruíais	destruiréis	destruiríais	destruyáis	destruyerais	**gerundio**
destruyen	destruyeron	destruían	destruirán	destruirían	destruyan	destruyeran	destruyendo

60. **detener** wie 164. tener mit Ausnahme des Imperativs Singular detén

61. **devolver** wie 172. volver

62. **dirigir** (g-j)

presente de indicativo	pretérito indefinido	pretérito imperfecto	futuro simple	condicional simple	presente de subjuntivo	imperfecto de subjuntivo	imperativo
dirijo	dirigí	dirigía	dirigiré	dirigiría	dirija	dirigiera	dirige
diriges	dirigiste	dirigías	dirigirás	dirigirías	dirijas	dirigieras	dirigid
dirige	dirigió	dirigía	dirigirá	dirigiría	dirija	dirigiera	**participio**
dirigimos	dirigimos	dirigíamos	dirigiremos	dirigiríamos	dirijamos	dirigiéramos	dirigido
dirigís	dirigisteis	dirigíais	dirigiréis	dirigiríais	dirijáis	dirigierais	**gerundio**
dirigen	dirigieron	dirigían	dirigirán	dirigirían	dirijan	dirigieran	dirigiendo

63. **disponerse** wie 121. poner, aber reflexiv (imperativo: **dispónte**, disponeos; gerundio: disponiéndose)

64. **divertirse** wie 124. preferir, aber reflexiv (imperativo: diviértete, divertíos; gerundio: divirtiéndose)

65. **doler** wie 172. volver

66. **dormir** (-ue- / -u-)

presente de indicativo	pretérito indefinido	pretérito imperfecto	futuro simple	condicional simple	presente de subjuntivo	imperfecto de subjuntivo	imperativo
duermo	dormí	dormía	dormiré	dormiría	duerma	durmiera	duerme
duermes	dormiste	dormías	dormirás	dormirías	duermas	durmieras	dormid
duerme	durmió	dormía	dormirá	dormiría	duerma	durmiera	**participio**
dormimos	dormimos	dormíamos	dormiremos	dormiríamos	durmamos	durmiéramos	dormido
dormís	dormisteis	dormíais	dormiréis	dormiríais	durmáis	durmierais	**gerundio**
duermen	durmieron	dormían	dormirán	dormirían	duerman	durmieran	durmiendo

67. **dormirse** wie 66. dormir, aber reflexiv (imperativo: duérmete, dormíos; gerundio: durmiéndose)

68. **elegir** (-i- / g-j)

presente de indicativo	pretérito indefinido	pretérito imperfecto	futuro simple	condicional simple	presente de subjuntivo	imperfecto de subjuntivo	imperativo
elijo	elegí	elegía	elegiré	elegiría	elija	eligiera	elige
eliges	elegiste	elegías	elegirás	elegirías	elijas	eligieras	elegid
elige	eligió	elegía	elegirá	elegiría	elija	eligiera	**participio**
elegimos	elegimos	elegíamos	elegiremos	elegiríamos	elijamos	eligiéramos	elegido
elegís	elegisteis	elegíais	elegiréis	elegiríais	elijáis	eligierais	**gerundio**
eligen	eligieron	elegían	elegirán	elegirían	elijan	eligieran	eligiendo

69. **empezar** (-ie- / z-c)

presente de indicativo	pretérito indefinido	pretérito imperfecto	futuro simple	condicional simple	presente de subjuntivo	imperfecto de subjuntivo	imperativo
empiezo	empecé	empezaba	empezaré	empezaría	empiece	empezara	empieza
empiezas	empezaste	empezabas	empezarás	empezarías	empieces	empezaras	empezad
empieza	empezó	empezaba	empezará	empezaría	empiece	empezara	**participio**
empezamos	empezamos	empezábamos	empezaremos	empezaríamos	empecemos	empezáramos	empezado
empezáis	empezasteis	empezabais	empezaréis	empezaríais	empecéis	empezarais	**gerundio**
empiezan	empezaron	empezaban	empezarán	empezarían	empiecen	empezaran	empezando

70. **encender** wie 73. entender

71. **encoger** wie 24. coger

72. **encontrar** wie 37. contar

73. **entender** (-ie-)

presente de indicativo	pretérito indefinido	pretérito imperfecto	futuro simple	condicional simple	presente de subjuntivo	imperfecto de subjuntivo	imperativo
entiendo	entendí	entendía	entenderé	entendería	entienda	entendiera	entiende
entiendes	entendiste	entendías	entenderás	entenderías	entiendas	entendieras	entended
entiende	entendió	entendía	entenderá	entendería	entienda	entendiera	**participio**
entendemos	entendimos	entendíamos	entenderemos	entenderíamos	entendamos	entendiéramos	entendido
entendéis	entendisteis	entendíais	entenderéis	entenderíais	entendáis	entendierais	**gerundio**
entienden	entendieron	entendían	entenderán	entenderían	entiendan	entendieran	entendiendo

74. **entregar** wie 95. llegar

75. **enviar** (-ío)

presente de indicativo	pretérito indefinido	pretérito imperfecto	futuro simple	condicional simple	presente de subjuntivo	imperfecto de subjuntivo	imperativo
envío	envié	enviaba	enviaré	enviaría	envíe	enviara	envía
envías	enviaste	enviabas	enviarás	enviarías	envíes	enviaras	enviad
envía	envió	enviaba	enviará	enviaría	envíe	enviara	**participio**
enviamos	enviamos	enviábamos	enviaremos	enviaríamos	enviemos	enviáramos	enviado
enviáis	enviasteis	enviabais	enviaréis	enviaríais	enviéis	enviarais	**gerundio**
envían	enviaron	enviaban	enviarán	enviarían	envíen	enviaran	enviando

76. **equivocarse** wie 17. buscar, aber reflexiv (imperativo: equivócate, equivocaos; gerundio: equivocándose)

77. **escribir** regelmäßig, mit Ausnahme des Partizips: **escrito**

78. **establecerse** wie 33. conocer, aber reflexiv (imperativo: establécete, estableceos; gerundio: estableciéndose)

79. **estar**

presente de indicativo	pretérito indefinido	pretérito imperfecto	futuro simple	condicional simple	presente de subjuntivo	imperfecto de subjuntivo	imperativo
estoy	**estuve**	estaba	estaré	estaría	**esté**	**estuviera**	**estate**
estás	**estuviste**	estabas	estarás	estarías	**estés**	**estuvieras**	estad
está	**estuvo**	estaba	estará	estaría	**esté**	**estuviera**	**participio**
estamos	**estuvimos**	estábamos	estaremos	estaríamos	estemos	**estuviéramos**	estado
estáis	**estuvisteis**	estabais	estaréis	estaríais	estéis	**estuvierais**	**gerundio**
están	**estuvieron**	estaban	estarán	estarían	**estén**	**estuvieran**	estando

80. **exigir** wie 63. dirigir

81. **explicar** wie 17. buscar

82. **extenderse** wie 73. entender, aber reflexiv (imperativo: extiéndete, extendeos; gerundio: extendiéndose)

83. **gobernar** wie 114. pensar

84. **graduarse** wie 38. continuar, aber reflexiv (imperativo: gradúate, graduaos; gerundio: graduándose)

85. **haber**

presente de indicativo	pretérito indefinido	pretérito imperfecto	futuro simple	condicional simple	presente de subjuntivo	imperfecto de subjuntivo	imperativo
he	**hube**	había	**habré**	**habría**	**haya**	**hubiera**	–
has	**hubiste**	habías	**habrás**	**habrías**	**hayas**	**hubieras**	–
ha/hay *(es gibt)*	**hubo**	había	**habrá**	**habría**	**haya**	**hubiera**	**participio**
hemos	**hubimos**	habíamos	**habremos**	**habríamos**	**hayamos**	**hubiéramos**	habido
habéis	**hubisteis**	habíais	**habréis**	**habríais**	**hayáis**	**hubierais**	**gerundio**
han	**hubieron**	habían	**habrán**	**habrían**	**hayan**	**hubiera**	habiendo

86. **hacer**

presente de indicativo	pretérito indefinido	pretérito imperfecto	futuro simple	condicional simple	presente de subjuntivo	imperfecto de subjuntivo	imperativo
hago	**hice**	hacía	**haré**	**haría**	**haga**	**hiciera**	**haz**
haces	**hiciste**	hacías	**harás**	**harías**	**hagas**	**hicieras**	haced
hace	**hizo**	hacía	**hará**	**haría**	**haga**	**hiciera**	**participio**
hacemos	**hicimos**	hacíamos	**haremos**	**haríamos**	**hagamos**	**hiciéramos**	**hecho**
hacéis	**hicisteis**	hacíais	**haréis**	**haríais**	**hagáis**	**hicierais**	**gerundio**
hacen	**hicieron**	hacían	**harán**	**harían**	**hagan**	**hicieran**	haciendo

87. **incluir** wie 59. destruir

88. **indicar** wie 17. buscar

89. **ir**

presente de indicativo	pretérito indefinido	pretérito imperfecto	futuro simple	condicional simple	presente de subjuntivo	imperfecto de subjuntivo	imperativo
voy	fui	iba	iré	iría	vaya	fuera	ve
vas	fuiste	ibas	irás	irías	vayas	fueras	id
va	fue	iba	irá	iría	vaya	fuera	**participio**
vamos	fuimos	íbamos	iremos	iríamos	vayamos	fuéramos	ido
vais	fuisteis	ibais	iréis	iríais	vayáis	fuerais	**gerundio**
van	fueron	iban	irán	irían	vayan	fueran	yendo

90. **irse** wie 89. ir, aber reflexiv (imperativo: vete, idos; gerundio: yéndose)

91. **jugar** (-ue- / g-gu)

presente de indicativo	pretérito indefinido	pretérito imperfecto	futuro simple	condicional simple	presente de subjuntivo	imperfecto de subjuntivo	imperativo
juego	jugué	jugaba	jugaré	jugaría	juegue	jugara	juega
juegas	jugaste	jugabas	jugarás	jugarías	juegues	jugaras	jugad
juega	jugó	jugaba	jugará	jugaría	juegue	jugara	**participio**
jugamos	jugamos	jugábamos	jugaremos	jugaríamos	juguemos	jugáramos	jugado
jugáis	jugasteis	jugabais	jugaréis	jugaríais	juguéis	jugarais	**gerundio**
juegan	jugaron	jugaban	jugarán	jugarían	jueguen	jugaran	jugando

92. **jugarse** wie 91. jugar, aber reflexiv (imperativo: juégate, jugaos; gerundio: jugándose)

93. **justificarse** wie 17. buscar, aber reflexiv (imperativo: justifícate, justificaos; gerundio: justificándose)

94. **leer**

presente de indicativo	pretérito indefinido	pretérito imperfecto	futuro simple	condicional simple	presente de subjuntivo	imperfecto de subjuntivo	imperativo
leo	leí	leía	leeré	leería	lea	leyera	lee
lees	leíste	leías	leerás	leerías	leas	leyeras	leed
lee	leyó	leía	leerá	leería	lea	leyera	**participio**
leemos	leímos	leíamos	leeremos	leeríamos	leamos	leyéramos	leído
leéis	leísteis	leíais	leeréis	leeríais	leáis	leyerais	**gerundio**
leen	leyeron	leían	leerán	leerían	lean	leyeran	leyendo

95. **llegar** (g-gu)

presente de indicativo	pretérito indefinido	pretérito imperfecto	futuro simple	condicional simple	presente de subjuntivo	imperfecto de subjuntivo	imperativo
llego	llegué	llegaba	llegaré	llegaría	llegue	llegara	llega
llegas	llegaste	llegabas	llegarás	llegarías	llegues	llegaras	llegad
llega	llegó	llegaba	llegará	llegaría	llegue	llegara	**participio**
llegamos	llegamos	llegábamos	llegaremos	llegaríamos	lleguemos	llegáramos	llegado
llegáis	llegasteis	llegabais	llegaréis	llegaríais	lleguéis	llegarais	**gerundio**
llegan	llegaron	llegaban	llegarán	llegarían	lleguen	llegaran	llegando

96. **llover** (-ue-)

presente de indicativo	pretérito indefinido	pretérito imperfecto	futuro simple	condicional simple	presente de subjuntivo	imperfecto de subjuntivo	imperativo
—	—	—	—	—	—	—	—
—	—	—	—	—	—	—	—
llueve	llovió	llovía	lloverá	llovería	llueva	lloviera	**participio**
—	—	—	—	—	—	—	llovido
—	—	—	—	—	—	—	**gerundio**
—	—	—	—	—	—	—	lloviendo

97. **mantener** wie 164. tener
98. **morir** wie 66. dormir mit Ausnahme des Partizips: **muerto**
99. **mostrar** wie 37. contar
100. **moverse** wie 172. volver, aber reflexiv (imperativo: muévete, moveos; gerundio: moviéndose) und mit regelmäßigem Partizip Perfekt: movido
101. **nacer** wie 33. conocer
102. **negar (-ie- / g-gu)**

presente de indicativo	pretérito indefinido	pretérito imperfecto	futuro simple	condicional simple	presente de subjuntivo	imperfecto de subjuntivo	imperativo
niego	negué	negaba	negaré	negaría	niegue	negara	niega
niegas	negaste	negabas	negarás	negarías	niegues	negaras	negad
niega	negó	negaba	negará	negaría	niegue	negara	**participio**
negamos	negamos	negábamos	negaremos	negaríamos	neguemos	negáramos	negado
negáis	negasteis	negabais	negaréis	negaríais	neguéis	negarais	**gerundio**
niegan	negaron	negaban	negarán	negarían	nieguen	negaran	negando

103. **nevar** wie 113. pensar; von den konjugierten Formen wird nur die 3. Person Singular verwendet
104. **obligar** wie 95. llegar
105. **ofrecer** wie 33. conocer
106. **oír**

presente de indicativo	pretérito indefinido	pretérito imperfecto	futuro simple	condicional simple	presente de subjuntivo	imperfecto de subjuntivo	imperativo
oigo	oí	oía	oiré	oiría	**oiga**	**oyera**	**oye**
oyes	oíste	oías	oirás	oirías	**oigas**	**oyeras**	oíd
oye	**oyó**	oía	oirá	oiría	**oiga**	**oyera**	**participio**
oímos	oímos	oíamos	oiremos	oiríamos	**oigamos**	**oyéramos**	oído
oís	oísteis	oíais	oiréis	oiríais	**oigáis**	**oyerais**	**gerundio**
oyen	**oyeron**	oían	oirán	oirían	**oigan**	**oyeran**	**oyendo**

107. **oler**

presente de indicativo	pretérito indefinido	pretérito imperfecto	futuro simple	condicional simple	presente de subjuntivo	imperfecto de subjuntivo	imperativo
huelo	olí	olía	oleré	olería	**huela**	oliera	**huele**
hueles	oliste	olías	olerás	olerías	**huelas**	olieras	oled
huele	olió	olía	olerá	olería	**huela**	oliera	**participio**
olemos	olimos	olíamos	oleremos	oleríamos	olamos	oliéramos	olido
oléis	olisteis	olíais	oleréis	oleríais	oláis	olierais	**gerundio**
huelen	olieron	olían	olerán	olería	**huelan**	olieran	oliendo

108. **olerse** wie 107. oler, aber reflexiv (imperativo: huélete, oléos; gerundio: oliéndose)
109. **organizar** wie 46. cruzar
110. **pagar** wie 95. llegar
111. **parecer** wie 33. conocer
112. **pedir** (-i-)

presente de indicativo	pretérito indefinido	pretérito imperfecto	futuro simple	condicional simple	presente de subjuntivo	imperfecto de subjuntivo	imperativo
pido	pedí	pedía	pediré	pediría	pida	pidiera	pide
pides	pediste	pedías	pedirás	pedirías	pidas	pidieras	pedid
pide	pidió	pedía	pedirá	pediría	pida	pidiera	**participio**
pedimos	pedimos	pedíamos	pediremos	pediríamos	pidamos	pidiéramos	pedido
pedís	pedisteis	pedíais	pediréis	pediríais	pidáis	pidierais	**gerundio**
piden	pidieron	pedían	pedirán	pedirían	pidan	pidieran	pidiendo

113. **pegar** wie 95. llegar

114. **pensar** (-ie-)

presente de indicativo	pretérito indefinido	pretérito imperfecto	futuro simple	condicional simple	presente de subjuntivo	imperfecto de subjuntivo	imperativo
pienso	pensé	pensaba	pensaré	pensaría	piense	pensara	piensa
piensas	pensaste	pensabas	pensarás	pensarías	pienses	pensaras	pensad
piensa	pensó	pensaba	pensará	pensaría	piense	pensara	**participio**
pensamos	pensamos	pensábamos	pensaremos	pensaríamos	pensemos	pensáramos	pensado
pensáis	pensasteis	pensabais	pensaréis	pensaríais	penséis	pensarais	**gerundio**
piensan	pensaron	pensaban	pensarán	pensarían	piensen	pensaran	pensando

115. **perder** wie 73. entender

116. **perderse** wie 73. entender, aber reflexiv (imperativo: piérdete, perdeos; gerundio: perdiéndose)

117. **perjudicar** wie 17. buscar

118. **pertenecer** wie 33. conocer

119. **poblar** wie 37. contar

120. **poder**

presente de indicativo	pretérito indefinido	pretérito imperfecto	futuro simple	condicional simple	presente de subjuntivo	imperfecto de subjuntivo	imperativo
puedo	**pude**	podía	**podré**	**podría**	pueda	**pudiera**	puede
puedes	**pudiste**	podías	**podrás**	**podrías**	puedas	**pudieras**	poded
puede	**pudo**	podía	**podrá**	**podría**	pueda	**pudiera**	**participio**
podemos	**pudimos**	podíamos	**podremos**	**podríamos**	podamos	**pudiéramos**	podido
podéis	**pudisteis**	podíais	**podréis**	**podríais**	podáis	**pudierais**	**gerundio**
pueden	**pudieron**	podían	**podrán**	**podrían**	puedan	**pudieran**	pudiendo

121. **poner**

presente de indicativo	pretérito indefinido	pretérito imperfecto	futuro simple	condicional simple	presente de subjuntivo	imperfecto de subjuntivo	imperativo
pongo	**puse**	ponía	**pondré**	**pondría**	**ponga**	**pusiera**	**pon**
pones	**pusiste**	ponías	**pondrás**	**pondrías**	**pongas**	**pusieras**	poned
pone	**puso**	ponía	**pondrá**	**pondría**	**ponga**	**pusiera**	**participio**
ponemos	**pusimos**	poníamos	**pondremos**	**pondríamos**	**pongamos**	**pusiéramos**	**puesto**
ponéis	**pusisteis**	poníais	**pondréis**	**pondríais**	**pongáis**	**pusierais**	**gerundio**
ponen	**pusieron**	ponían	**pondrán**	**pondrían**	**pongan**	**pusieran**	poniendo

122. **ponerse** wie 121. poner, aber reflexiv (imperativo: **ponte**, poneos; gerundio: poniéndose)

123. **practicar** wie 17. buscar

124. **preferir** (-ie- / -i-)

presente de indicativo	pretérito indefinido	pretérito imperfecto	futuro simple	condicional simple	presente de subjuntivo	imperfecto de subjuntivo	imperativo
prefiero	preferí	prefería	preferiré	preferiría	prefiera	prefiriera	prefiere
prefieres	preferiste	preferías	preferirás	preferirías	prefieras	prefirieras	preferid
prefiere	prefirió	prefería	preferirá	preferiría	prefiera	prefiriera	**participio**
preferimos	preferimos	preferíamos	preferiremos	preferiríamos	prefiramos	prefiriéramos	preferido
preferís	preferisteis	preferíais	preferiréis	preferiríais	prefiráis	prefirierais	**gerundio**
prefieren	prefirieron	preferían	preferirán	preferirían	prefieran	prefirieran	prefiriendo

125. **probar** wie 37. contar

126. **probarse** wie 37. contar, aber reflexiv (imperativo: pruébate, probaos; gerundio: probándose)

127. **producir**

presente de indicativo	pretérito indefinido	pretérito imperfecto	futuro simple	condicional simple	presente de subjuntivo	imperfecto de subjuntivo	imperativo
produzco	produje	producía	produciré	produciría	produzca	produjera	produce
produces	produjiste	producías	producirás	producirías	produzcas	produjeras	producid
produce	produjo	producía	producirá	produciría	produzca	produjera	**participio**
producimos	produjimos	producíamos	produciremos	produciríamos	produzcamos	produjéramos	producido
producís	produjisteis	producíais	produciréis	produciríais	produzcáis	produjerais	**gerundio**
producen	produjeron	producían	producirán	producirían	produzcan	produjeran	produciendo

128. **producirse** wie 127. producir, aber reflexiv (gerundio: produciéndose)
129. **prohibir**

presente de indicativo	pretérito indefinido	pretérito imperfecto	futuro simple	condicional simple	presente de subjuntivo	imperfecto de subjuntivo	imperativo
prohíbo	prohibí	prohibía	prohibiré	prohibiría	prohíba	prohibiera	prohíbe
prohíbes	prohibiste	prohibías	prohibirás	prohibirías	prohíbas	prohibieras	prohibid
prohíbe	prohibió	prohibía	prohibirá	prohibiría	prohíba	prohibiera	**participio**
prohibimos	prohibimos	prohibíamos	prohibiremos	prohibiríamos	prohibamos	prohibiéramos	prohibido
prohibís	prohibisteis	prohibíais	prohibiréis	prohibiríais	prohibáis	prohibierais	**gerundio**
prohíben	prohibieron	prohibían	prohibirán	prohibirían	prohíban	prohibieran	prohibiendo

130. **proponer** wie 121. poner
131. **proteger** wie 24. coger
132. **querer** (-ie-)

presente de indicativo	pretérito indefinido	pretérito imperfecto	futuro simple	condicional simple	presente de subjuntivo	imperfecto de subjuntivo	imperativo
quiero	quise	quería	querré	querría	quiera	quisiera	quiere
quieres	quisiste	querías	querrás	querrías	quieras	quisieras	quered
quiere	quiso	quería	querrá	querría	quiera	quisiera	**participio**
queremos	quisimos	queríamos	querremos	querríamos	queramos	quisiéramos	querido
queréis	quisisteis	queríais	querréis	querríais	queráis	quisierais	**gerundio**
quieren	quisieron	querían	querrán	querrían	quieran	quisieran	queriendo

133. **realizar** wie 46. cruzar
134. **rechazar** wie 46. cruzar
135. **recoger** wie 24. coger
136. **recomendar** wie 114. pensar
137. **reconocer** wie 33. conocer
138. **recordar** wie 37. contar
139. **referirse** wie 124. preferir, aber reflexiv (imperativo: refiérete, referíos; gerundio: refiriéndose)
140. **reírse**

presente de indicativo	pretérito indefinido	pretérito imperfecto	futuro simple	condicional simple	presente de subjuntivo	imperfecto de subjuntivo	imperativo
me río	me reí	me reía	me reiré	me reiría	me ría	me riera	ríete
te ríes	te reíste	te reías	te reirás	te reirías	te rías	te rieras	reíos
se ríe	se rio	se reía	se reirá	se reiría	se ría	se riera	**participio**
nos reímos	nos reímos	nos reíamos	nos reiremos	nos reiríamos	nos riamos	nos riéramos	reído
os reís	os reísteis	os reíais	os reiréis	os reiríais	os riais	os rierais	**gerundio**
se ríen	se rieron	se reían	se reirán	se reirían	se rían	se rieran	riéndose

141. **rendirse** wie 112. pedir, aber reflexiv (imperativo: ríndete, rendíos; gerundio: rindiéndose
142. **repetir** wie 112. pedir
143. **reprobar** wie 37. contar
144. **requerir** wie 124. preferir
145. **resolver** wie 172. volver
146. **rodar** wie 37. contar
147. **romperse**, regelmäßig, mit Ausnahme des Partizips: **roto**; reflexives Verb (imperativo: rómpete, rompeos; gerundio: rompiéndose)

148. **saber**

presente de indicativo	pretérito indefinido	pretérito imperfecto	futuro simple	condicional simple	presente de subjuntivo	imperfecto de subjuntivo	imperativo
sé	**supe**	sabía	**sabré**	**sabría**	**sepa**	**supiera**	sabe
sabes	**supiste**	sabías	**sabrás**	**sabrías**	**sepas**	**supieras**	sabed
sabe	**supo**	sabía	**sabrá**	**sabría**	**sepa**	**supiera**	**participio**
sabemos	**supimos**	sabíamos	**sabremos**	**sabríamos**	**sepamos**	**supiéramos**	sabido
sabéis	**supisteis**	sabíais	**sabréis**	**sabríais**	**sepáis**	**supierais**	**gerundio**
saben	**supieron**	sabían	**sabrán**	**sabrían**	**sepan**	**supieran**	sabiendo

149. **sacar** wie 17. buscar

150. **salir**

presente de indicativo	pretérito indefinido	pretérito imperfecto	futuro simple	condicional simple	presente de subjuntivo	imperfecto de subjuntivo	imperativo
salgo	salí	salía	**saldré**	**saldría**	**salga**	saliera	**sal**
sales	saliste	salías	**saldrás**	**saldrías**	**salgas**	salieras	salid
sale	salió	salía	**saldrá**	**saldría**	**salga**	saliera	**participio**
salimos	salimos	salíamos	**saldremos**	**saldríamos**	**salgamos**	saliéramos	salido
salís	salisteis	salíais	**saldréis**	**saldríais**	**salgáis**	salierais	**gerundio**
salen	salieron	salían	**saldrán**	**saldrían**	**salgan**	salieran	saliendo

151. **seguir** (-i- / gu-g)

presente de indicativo	pretérito indefinido	pretérito imperfecto	futuro simple	condicional simple	presente de subjuntivo	imperfecto de subjuntivo	imperativo
sigo	seguí	seguía	seguiré	seguiría	siga	siguiera	sigue
sigues	seguiste	seguías	seguirás	seguirías	sigas	siguieras	seguid
sigue	siguió	seguía	seguirá	seguiría	siga	siguiera	**participio**
seguimos	seguimos	seguíamos	seguiremos	seguiríamos	sigamos	siguiéramos	seguido
seguís	seguisteis	seguíais	seguiréis	seguiríais	sigáis	siguierais	**gerundio**
siguen	siguieron	seguían	seguirán	seguirían	sigan	siguieran	siguiendo

152. **sentarse** wie 114. pensar, aber reflexiv (imperativo: siéntate, sentaos; gerundio: sentándose)

153. **sentirse** wie 124. preferir, aber reflexiv (imperativo: siéntete, sentíos; gerundio: sintiéndose)

154. **ser**

presente de indicativo	pretérito indefinido	pretérito imperfecto	futuro simple	condicional simple	presente de subjuntivo	imperfecto de subjuntivo	imperativo
soy	**fui**	**era**	seré	sería	**sea**	**fuera**	**sé**
eres	**fuiste**	**eras**	serás	serías	**seas**	**fueras**	sed
es	**fue**	**era**	será	sería	**sea**	**fuera**	**participio**
somos	**fuimos**	**éramos**	seremos	seríamos	**seamos**	**fuéramos**	sido
sois	**fuisteis**	**erais**	seréis	seríais	**seáis**	**fuerais**	**gerundio**
son	**fueron**	**eran**	serán	serían	**sean**	**fueran**	siendo

155. **servir** wie 112. pedir

156. **situarse** wie 38. continuar, aber reflexiv (imperativo: sitúate, situaos; gerundio: situándose)

157. **soltar** wie 37. contar

158. **sonar** wie 37. contar

159. **soñar** wie 37. contar

160. **sonreír** wie 140. reírse, aber kein reflexives Verb (imperativo: sonríe, sonreid; gerundio: sonriéndo)

161. **sostener** wie 164. tener mit Ausnahme des Imperativs Singular sostén

162. **suponer** wie 121. poner (imperativo: supón)

163. **temblar** wie 114. pensar

164. **tener**

presente de indicativo	pretérito indefinido	pretérito imperfecto	futuro simple	condicional simple	presente de subjuntivo	imperfecto de subjuntivo	imperativo
tengo	tuve	tenía	tendré	tendría	tenga	tuviera	ten
tienes	tuviste	tenías	tendrás	tendrías	tengas	tuvieras	tened
tiene	tuvo	tenía	tendrá	tendría	tenga	tuviera	**participio**
tenemos	tuvimos	teníamos	tendremos	tendríamos	tengamos	tuviéramos	tenido
tenéis	tuvisteis	teníais	tendréis	tendríais	tengáis	tuvierais	**gerundio**
tienen	tuvieron	tenían	tendrán	tendrían	tengan	tuvieran	teniendo

165. **tocar** wie 17. buscar

166. **traer**

presente de indicativo	pretérito indefinido	pretérito imperfecto	futuro simple	condicional simple	presente de subjuntivo	imperfecto de subjuntivo	imperativo
traigo	traje	traía	traeré	traería	traiga	trajera	trae
traes	trajiste	traías	traerás	traerías	traigas	trajeras	traed
trae	trajo	traía	traerá	traería	traiga	trajera	**participio**
traemos	trajimos	traíamos	traeremos	traeríamos	traigamos	trajéramos	traído
traéis	trajisteis	traíais	traeréis	traeríais	traigáis	trajerais	**gerundio**
traen	trajeron	traían	traerán	traerían	traigan	trajeran	trayendo

167. **trascender** wie 124. preferir

168. **utilizar** wie 46. cruzar

169. **venir**

presente de indicativo	pretérito indefinido	pretérito imperfecto	futuro simple	condicional simple	presente de subjuntivo	imperfecto de subjuntivo	imperativo
vengo	vine	venía	vendré	vendría	venga	viniera	ven
vienes	viniste	venías	vendrás	vendrías	vengas	vinieras	venid
viene	vino	venía	vendrá	vendría	venga	viniera	**participio**
venimos	vinimos	veníamos	vendremos	vendríamos	vengamos	viniéramos	venido
venís	vinisteis	veníais	vendréis	vendríais	vengáis	vinierais	**gerundio**
vienen	vinieron	venían	vendrán	vendrían	vengan	vinieran	viniendo

170. **ver**

presente de indicativo	pretérito indefinido	pretérito imperfecto	futuro simple	condicional simple	presente de subjuntivo	imperfecto de subjuntivo	imperativo
veo	vi	veía	veré	vería	vea	viera	ve
ves	viste	veías	verás	verías	veas	vieras	ved
ve	vio	veía	verá	vería	vea	viera	**participio**
vemos	vimos	veíamos	veremos	veríamos	veamos	viéramos	visto
veis	visteis	veíais	veréis	veríais	veais	vierais	**gerundio**
ven	vieron	veían	verán	verían	vean	vieran	viendo

171. **volar** wie 37. contar

172. **volver** (-ue-)

presente de indicativo	pretérito indefinido	pretérito imperfecto	futuro simple	condicional simple	presente de subjuntivo	imperfecto de subjuntivo	imperativo
vuelvo	volví	volvía	volveré	volvería	vuelva	volviera	vuelve
vuelves	volviste	volvías	volverás	volverías	vuelvas	volvieras	volved
vuelve	volvió	volvía	volverá	volvería	vuelva	volviera	**participio**
volvemos	volvimos	volvíamos	volveremos	volveríamos	volvamos	volviéramos	vuelto
volvéis	volvisteis	volvíais	volveréis	volveríais	volváis	volvierais	**gerundio**
vuelven	volvieron	volvían	volverán	volverían	vuelvan	volvieran	volviendo

173. **volverse** wie 172. volver, aber reflexiv (imperativo: vuélvete, volveos; gerundio: volviéndose)

Grammatische Ausdrücke

Deutsch-spanisches Verzeichnis grammatischer Ausdrücke

ein Adjektiv	un adjetivo	moderno, -a; interesante
ein Adverb	un adverbio	bien, hoy, normalmente
ein adverbialer Nebensatz (vgl. Kausalsatz, Konsekutivsatz, Lokalsatz, Modalsatz, Temporalsatz)	una subordinada adverbial	
ein Akzent	un acento	tú, alemán
eine Apokope	el apócope *(f.)*	bueno, -a → un **buen** restaurante
ein Artikel	un artículo	
ein bestimmter Artikel	un artículo definido	**el** pueblo, **los** pueblos, **la** playa, **las** playas
ein unbestimmter Artikel	un artículo indefinido	**un** chico, **una** chica
ein Ausruf	una exclamación	¡Ten cuidado!
ein Ausrufezeichen	un signo de exclamación	¡Hola!
die Aussprache	la pronunciación	
der Bedingungssatz	la oración condicional	
der reale Bedingungssatz	la oración condicional real	**Si llegamos temprano**, tenemos tiempo para ver una película.
der irreale Bedingungssatz	la oración condicional irreal	**Si llegáramos temprano**, tendríamos tiempo para ver una película.
ein Begleiter (siehe Demonstrativ~, Possessiv~, indefiniter ~)		
ein Demonstrativbegleiter	un adjetivo demostrativo	**este** / **ese** / **aquel** libro; **estas** / **esas** / **aquellas** manzanas
ein Demonstrativpronomen	un pronombre demostrativo	—¿Qué cine? —**Éste** / **Ése** / **Aquél**.
der Diminutiv	el diminutivo	librito, chiquilla, ahorita
ein Diphthong (Zwielaut, vgl. Vokal)	un diptongo	[ai], [ei], [au], [ja], [je], [wa], [we], …
die Diphthongierung	la diptongación	pensar → **pienso**
das Femininum (vgl. Maskulinum)	el (género) femenino	(una) chica, (la) ciudad
ein Finalsatz	una subordinada final	Te mando esta postal **para que no me olvides.**
ein Frageadverb	un adverbio interrogativo	¿dónde?, ¿adónde?, ¿de dónde?, ¿cuándo?, ¿cómo?, ¿por qué?
ein Fragebegleiter	un determinante interrogativo	**¿qué** pueblo?, **¿cuánto** dinero?
ein Fragepronomen	un pronombre interrogativo	**¿Qué** haces? **¿Quién** es? **¿Cuál** quieres?
ein Fragezeichen	un signo de interrogación	¿Qué tal?
das Gerundium	el gerundio	Los chicos están **tomando** el sol.
das Geschlecht (Femininum, Maskulinum)	el género	
eine Grundzahl (vgl. Ordnungszahl)	un número cardinal	uno, dos, tres, …
ein Hauptsatz (vgl. Nebensatz)	una oración principal	**Tengo un trabajo** que me gusta. **Ella cree** que no van a venir.

ein Hilfsverb	un verbo auxiliar	querer (+ Infinitiv); estar (+ Gerundium); haber (+ Partizip Perfekt)
der (bejahte / verneinte) Imperativ	el imperativo (afirmativo / negativo)	¡Mira! ¡Ven! ¡No vengas!
das Imperfekt	el pretérito imperfecto	Antes **salíamos** muy poco por las noches.
das *indefinido*	el pretéritio indefinido	Ayer **fuimos** al cine.
ein indefiniter Begleiter	un adjetivo indefinido	**mucha** / **poca** / **bastante** gente
ein indefinites Pronomen	un pronombre indefinido	**Algunos** van, **otros** no.
der Indikativ (vgl. *subjuntivo*)	el indicativo	Hoy hace mucho calor.
die indirekte Rede	el estilo indirecto	Dice **que no ha hecho los deberes**.
der Infinitiv	el infinitivo	hablar, beber, salir
ein Kausalsatz	una subordinada causal	No tengo hambre, **porque / ya que he comido algo hace poco**.
ein Komma	una coma	,
der Komparativ (vgl. Superlativ)	el comparativo	Soy **más alto que** tú.
der Konditional	el condicional	Yo no **comería** tantas hamburguesas.
die Konjugation	la conjugación	ver: veo, ves, ve, …
eine Konjunktion	una conjunción	y, o, cuando, que, si, …
ein Konsonant (vgl. Vokal)	una consonante	[k], [g], [β], [θ], …
ein Konsekutivsatz	una subordinada consecutiva	Voy a España **de modo que te puedo traer unos libros**.
ein Konzessivsatz	una subordinada concesiva	**Aunque llueve,** hacemos el paseo.
ein Laut	un sonido	
ein Lokalsatz	una subordinada local	El pueblo **donde vivo** se llama Marinaleda.
das Maskulinum (vgl. Femininum)	el (género) masculino	(un) chico, (el) vestido
ein Modalsatz	una subordinada modal	Me encanta **como escribe este autor**.
der Modus (Indikativ, *subjuntivo*, Imperativ)	el modo	
ein Nebensatz (vgl. adverbialer Nebensatz, Objektsatz, Relativsatz)	una oración subordinada	Tengo un trabajo **que me gusta**. Ella cree **que no van a venir**.
ein neutrales Pronomen	un pronombre neutro	—¿Qué vas a hacer? —No **lo** sé.
ein Objekt (vgl. Subjekt)	un complemento, un objeto	
ein direktes Objekt	un complemento directo	Mario manda **un mensaje** a Pablo.
ein indirektes Objekt	un complemento indirecto	Mario manda un mensaje **a Pablo**.
ein Objektpronomen	un pronombre de objeto	No **me** / **te** / **le** / **nos** / **os** / **les** gusta. No **te** / **lo** / **la** / **os** / **los** / **las** conozco.
ein Objektsatz	una subordinada de complemento directo	Ellos piensan **que Anita es guapa**.
eine Ordnungszahl (vgl. Grundzahl)	un número ordinal	primer(o), -a; segundo, -a, tercer(o), -a, …
ein Partizip Perfekt	un participio pasado	buscado, tenido, hecho, visto
das Passiv	la voz pasiva	Esta ciudad **fue fundada** en 1500.
das Passiv mit *se*	la pasiva refleja	Esta ciudad **se fundó** en 1500.

das Perfekt	el pretérito perfecto	Hoy **han desayunado** a las diez.
die Person	la persona	
die erste Person	la primera persona	yo soy, nosotros somos
die zweite Person	la segunda persona	tú eres, vosotros sois
die dritte Person	la tercera persona	él / ella / usted es, ustedes / ellos / ellas son
ein Personalpronomen (Subjekt-, Objekt-, Reflexivpronomen)	un pronombre personal	yo, tú, él, … / me, te, le, …
der Plural (vgl. Singular)	el plural	la playa → **las playas**
das Plusquamperfekt	el pretérito pluscuamperfecto	José nunca **había estado** tan contento.
ein Possessivbegleiter	un adjetivo posesivo	**mi / tu / su / nuestro** / … amigo
ein Possessivpronomen	un pronombre posesivo	mío, la tuya
ein Präfix	un prefijo	**anti**pático, -a; **in**usual
eine Präposition	una preposición	a, de, con, en, para, …
das Präsens	el presente	**Somos** de Valladolid.
ein Pronomen (Subjekt~, Objekt~, Reflexiv~)	un pronombre	él, ella, le, lo, la, …
die Rechtschreibung	la ortografía	
ein reflexives Verb	un verbo reflexivo	levantarse, ducharse, irse
ein Reflexivpronomen	un pronombre reflexivo	**me** voy, **te** vas, **se** va, …
ein Relativpronomen	un pronombre relativo	una ciudad **que** no conozco
ein Relativsatz	una oración de relativo	Tengo un trabajo **que me gusta.**
ein Satz	una oración, una frase	
eine Silbe	una sílaba	miér-co-les, es-ta-mos
der Singular (vgl. Plural)	el singular	**la playa** → las playas
die Steigerung (vgl. Komparativ)	el comparativo	Lima es **más grande que** Madrid.
die Stellung	la colocación	
ein Subjekt (vgl. Objekt)	un sujeto	**Mario** manda un mensaje a Pablo.
ein Subjektpronomen (vgl. Objektpronomen)	un pronombre de sujeto	**yo** sé, **tú** sabes, **él** sabe, …
der *subjuntivo*	el subjuntivo	Quiero que te **vayas.**
ein Substantiv	un sustantivo	museo, ciudad, bocadillo
ein Suffix	un sufijo	artíst**ico**, informa**ción**
der Superlativ (vgl. Komparativ)	el superlativo	
der absolute Superlativ	el superlativo absoluto	dificilísimo
der relative Superlativ	el superlativo relativo	el trabajo **más difícil** del mundo
ein Temporalsatz	una subordinada temporal	**Cuando estábamos bailando**, llegó Jorge.
das Tempus	el tiempo verbal / del verbo	
ein Verb	un verbo	bailar, hacer, divertirse
ein regelmäßiges Verb	un verbo regular	hablar (hablo, hablas, habla, …)
ein unregelmäßiges Verb	un verbo irregular	ser (soy, eres, es, …)

eine Verbalperiphrase	una perífrasis verbal	**Acabo de recibir** la noticia. Jorge **continúa jugando** al fútbol.
der Vergleich (vgl. Steigerung)	la comparación	Este pantalón es **tan bonito como** el otro.
die Verkleinerungsform (vgl. Diminutiv)	el diminutivo	
die Verneinung	la negación	Escuchan. → **No** escuchan.
die doppelte Verneinung	la «negación doble»	**No** escuchan **nunca**.
ein Vokal (vgl. Konsonant)	una vocal	[a], [e], [i], [o], [u]
eine Vokaländerung	un cambio de vocal	pedir → pido
die Zahl (Singular, Plural)	el número	
die Zeichensetzung	la puntuación	
die Zukunft	el futuro	
die nahe Zukunft	el futuro próximo	**Voy a comprar** una camiseta.
die einfache Zukunft (Futur I)	el futuro simple	Pablo **comprará** unos vaqueros.
die zusammengesetzte Zukunft (Futur II)	el futuro compuesto	Al final de las vacaciones **habré terminado** este libro.

Index